文字起こし技能テスト

過去問題集

2023

監修
文字起こし技能テスト問題制作部会

編集・制作
エフスタイル

■目次

教材ファイルダウンロードのご案内

本書専用の教材ファイルをダウンロードして使用することができます。
教材ファイルは、下記の方法でダウンロードしてお使いください。

①『**文字起こし技能テスト**』**のウェブサイト**（https://mojiokoshi.org/）で
「技能テストの教材」ページを開く

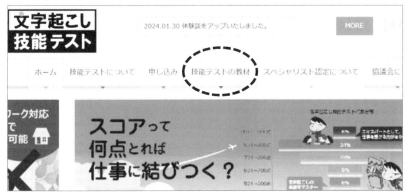

②『文字起こし技能テスト　過去問題集2023』の
「**教材ファイルはこちらからダウンロード**」をクリック

③パスワードを入力するウインドウが開く

次の文字列を入力して「確定」をクリック

パスワード　**496125**

※パスワードは、全て半角数字で入力してください。

※「パスワード」という文字を入力する必要はありません。

※数字の前や後ろにスペースを入力しないようご注意ください。

④ファイルをダウンロードするためのページが開く

⑤ダウンロードボタンをクリック

「moji_kakomondai2023_kyozai」というファイルがダウンロードされる

ダウンロードした教材ファイルの開き方

前ページまでの手順で自分のパソコンに
保存されたファイル
「moji_kakomondai2023_kyozai」を

右クリックして「すべて展開」

（Windowsの場合はダブルクリックせず「すべて展開」）

> ※何らかの圧縮・解凍ソフトがインストールされている場合、操作はこれと異なることがあります。

展開すると、下のようなフォルダやファイルが収録されています。
> ※表示されるアイコンの形などは、下記と異なることがあります。

「14」には第14回の教材が入っています。「14_chishiki_onsei」が知識編で使う音声、「14_jitsugi_onsei」が実技編で使う音声です。

14_chishiki_onsei   14_jitsugi_onsei

◆教材ファイルをダウンロード可能な期間：本書最新発行年月より2年間
※実際にはもう少し長い期間、ダウンロード可能です。文字起こし技能テストのウェブサイトをご確認ください。

※教材ファイルは、本書をご購入いただいた方が個人的に利用されることを原則とし、著作権者に無断で営利目的に使用することや、企業や団体内でのコピー、再配布等を禁止します。
※教材ファイルに収録したデータの使用結果につきましては、いかなる場合でも制作者および株式会社エフスタイルは責任を負いかねます。あらかじめご了承ください。

よくあるご質問

Q インターネットから教材ファイルデータをダウンロードできない

本書3ページの記載通りにウェブサイトを開き、パスワードを入力して「確定」をクリックしたのに、ダウンロードが開始されません。

A 1) **一時的なエラー**かもしれません。時間をおいて再度お試しください。

2) パスワードは合っていますか？　本書3ページ記載の**数字6桁**をご確認ください。

※パスワードは全て**半角の数字**で入力。

※「パスワード」という文字は入力不要。

※数字の前や後ろにスペースを入力しないように注意。

※ダウンロードページは画像と若干異なることがあります。

これらを試してもダウンロードできない場合は、『文字起こし技能テスト』ウェブサイトのお問い合わせフォームからご連絡ください。

『文字起こし技能テスト』ウェブサイト　　https://mojiokoshi.org/

Q 再生ソフトに音声ファイルを読み込めない

文字起こし用の再生ソフト（「Express Scribe」「OkoshiMAX」など）を導入しましたが、音声ファイルを読み込めません。

A ダウンロードした教材ファイルが、正しく展開されていない可能性があります。Windowsの場合は「**右クリックして"展開"を選択**」という方法で展開してください。

※何らかの圧縮・解凍ソフトがインストールされている場合、操作はこれと異なることがあります。

＜メモ＞

教材ファイル「moji_kakomondai2023_kyozai」は、圧縮ファイルです。

Windowsパソコンでは、圧縮ファイルを「ダブルクリック」しても中身のファイルを見ることができます。

しかし、ダブルクリックは正式な展開（解凍とも言う）ではなく、「取りあえず中身を確認する」方法です。再生ソフトには正式に展開された音声ファイルでないと読み込むことができません。「右クリックして"展開"を選択」という方法で展開してください。

文字起こし用の再生ソフト（「Express Scribe」「OkoshiMAX」など）の使用方法は、それぞれの解説サイトなどをご覧ください。

Q 再生ソフトで自動的に文字が出てこない

文字起こし用の再生ソフト（「Express Scribe」「OkoshiMAX」など）に音声ファイルを読み込み、再生ボタンを押しました。音声は聞こえますが、その内容が文字になって出てきません。

A 1) 再生ソフトは、自動的に文字化されるソフトウエアではありません。音声ファイルを再生するためのソフトウエアです。

2) 文字起こしをするときは↓

■パソコン画面に、再生ソフトと文字を入力するソフト（Wordなど）の両方を開きます。

■再生ソフトで音声を聞きながら、Wordなどにご自身で文字を入力します。

Q 表記とは？

文字起こし技能テストは表記を選んで解答できるとのことですが、そもそも表記とは何でしょうか。

A 表記とは、ある言葉を漢字で書くか平仮名で書くか、漢字で書くとしたらどの漢字を使うか、などのことです。

文字起こし技能テストは、新聞表記と速記表記のどちらかを選択して受験します。指定された表記のテキスト（新聞表記の場合は共同通信社『記者ハンドブック』、速記表記の場合は日本速記協会『標準用字用例辞典』）に沿った表記で解答します。

表記について、詳しくは『文字起こし技能テスト 公式テキスト 改訂版』をご参照ください。

Q 音声認識を使ってもいい？

タイピングで文字起こしするより、音声認識を活用する方が能率的に思えます。音声認識アプリを使っても構いませんか。

A 何らかの音声認識アプリを使うことは差し支えありません。

ただし、正しく認識されるとは限りません。また、認識結果を仕様通りに変更する作業などはご自身で行う必要があります。

文字起こしに必要なもの

　文字起こしをするために準備するものを確認しておきましょう。
準備できたものにチェックマーク☑を付けてみてください。

〈パソコン〉
☐ **WindowsでもMacでも可**　文字起こしではさほど高スペックなパソコン
　でなくても大丈夫です。

〈アプリケーションソフト〉
☐ **文字起こし用の音声再生ソフト**（「Express Scribe」「OkoshiMAX」など）
☐ **文書作成ソフト**　Microsoft Word（以下、Word）など。テキストエディ
　ター（秀丸エディタなど）でもOKです。
☐ **ブラウザーソフト**　インターネットのウェブサイト（ホームページ）を
　閲覧するためのソフト。
☐ **メールソフト**　（ウェブメールでも可）
☐ **ウイルス対策ソフト**　ファイルの送受信やインターネット検索を安全に
　行うため、ウイルス対策ソフト（セキュリティーソフト）のインストー
　ルは必須です。パソコンを買ったときに付いてきた試用版のウイル
　ス対策ソフトは、数カ月で更新されなくなることがあります。きちん
　と購入して、いつも最新版に更新されるように設定しておきます。

☐ **インターネット回線**

〈ハードウエア〉
☐ **ヘッドホンまたはイヤホン**　パソコンに挿して音が出ることを確認してお
　きます。高価なものでなくて大丈夫です。機種によって聞こえ方が違
　うので、2、3種類試してみましょう。

〈書籍〉
☐ **表記のテキスト**　漢字の使い分けなどを確認するための本です。詳しく
　は『文字起こし技能テスト　公式テキスト　改訂版』22ページに記載
　しています。

音が聞こえないときは……

　音声ファイルを聞くときには、音量を調節してはっきり聞き取れるようにします。音量の調節は、音声再生ソフト、パソコン、外付けスピーカーなどで行います。

方法①音声再生ソフトの音量つまみで調節

　音声再生ソフトの画面に表示される音量つまみで、音量を調節します。ただし、微調整用なので、最大限にしても音が小さいと感じることもあります。

方法②パソコンのボリュームコントロール機能で調節

　ボリュームコントロールの画面は画面下（タスクバー）の 🔊 から表示できます。

方法③外付けスピーカーの音量つまみを調節

　パソコンに外付けスピーカーを接続している場合は、スピーカーの音量つまみを調節します。

音がまったく聞こえない場合は、次のチェックポイントを一つずつ確認していきましょう。

① 　ボリュームコントロールが「ミュート」になっていませんか
　　→ 　ミュート状態の 🔇 をクリックして、音が出る状態の 🔊 にします。
② 　スピーカーにスイッチが付いている場合、スイッチはオンになっていますか
　　→ 　スイッチをオンにします。
③ 　ヘッドホン利用の場合、ヘッドホンのプラグが差し込み口の奥までしっかり挿さっていますか
　　→ 　プラグを挿し直します。

※このチェックポイントに問題がないのに音が出ないときは、お使いのパソコンのユーザーサポートセンターなどにお問い合わせください。

🔇 ボリュームコントロールがミュートされて音が出ない状態

🔊 音が出る状態

※パソコンによって、見え方が画像と異なることがあります。

本書の構成

本書の構成

本書は、第14回〜第17回の文字起こし技能テストの実際の問題（知識編、実技編）と、解答・解説を掲載しています。

問題はそれぞれ、実際の音声を聞きながら取り組むことができます。

本書20〜22ページに採点表がありますので、自己採点してみてください。

パソコンの操作について

本書では、パソコンの基本的な操作については説明していません。

パソコンに関する用語や操作は、ご自身で勉強してください。

本書の学習において、パソコンのOSはWindowsでもMacでも問題ありません。Microsoft Wordは、文中ではWordと呼ぶことがあります。他に音声再生のアプリケーションソフトなどを掲載、説明しています。

■MicrosoftおよびWindowsは、米国Microsoft Corporationの、米国、日本およびその他の国における登録商標または商標です。Macは、米国および他の国々で登録されたApple Inc.の商標です。その他、本書に記載している会社名や製品名、プログラム名、システム名などは一般に各社の商標または登録商標です。本文中ではTM、®マークは明記していません。
■本書に記載しているURL、アプリケーションソフト名やデータ類は、全て本書制作時点のものです。変更される可能性もありますのでご注意ください。

お問い合わせについて

・パソコンの不調等については、お使いのパソコンメーカーのサポートセンターなどにお問い合わせください。
・ダウンロードした音声が再生できない（パソコンから音が出ない）場合は、まずご自身でお調べいただき、それでも音が出ない場合はお使いのパソコンメーカーのサポートセンターなどにお問い合わせください。
・文字起こしの起こし方は人によって多少異なるのが普通です。自分の起こしたものと本書に掲載した起こし例の起こし方が違っていても、「こういう起こし方は違うのか」等の個別のお問い合わせにはお答えしておりません。

『文字起こし技能テスト』の概要と得点の目安

文字起こしと『文字起こし技能テスト』について

　文字起こしは、録音された話し言葉を文字化する技術です。文字起こしの用途は広く、要求される起こし方も実にさまざまです。

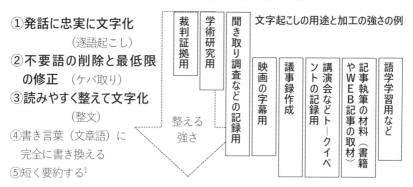

①**発話に忠実に文字化**
　（逐語起こし）
②**不要語の削除と最低限の修正**　（ケバ取り）
③**読みやすく整えて文字化**
　（整文）
④書き言葉（文章語）に完全に書き換える
⑤短く要約する[1]

整える強さ

文字起こしの用途と加工の強さの例

裁判証拠用／学術研究用／聞き取り調査などの記録用／映画の字幕用／議事録作成／講演会などトークイベントの記録用／記事執筆の材料（書籍やWEB記事の取材）／語学学習用など

※『文字起こし技能テスト』では、④⑤は扱われません。

　『文字起こし技能テスト』では、**発言に手を加えず、あるいはごく最低限の修正を行って文字化する起こし方が出題**されます。「話し言葉を書き言葉に完全に変更する」ことや「要約して短くする」ことは扱われません。

『文字起こし技能テスト』の得点の目安（1000点満点）

過去の平均点は、700点程度です。

第14回（2022年 5月）：合計点 707点　第15回（2022年11月）：合計点 645点
第16回（2023年 5月）：合計点 664点　第17回（2023年11月）：合計点 681点
この平均点を踏まえると、得点の目安は次のように言えるでしょう。

600点以上　基礎を理解する（自分の仕事や生活に近い話題を文字化できる）
800点以上　幅広い仕事をこなせる（知らない分野でも調べながら文字化できる）
900点以上　文字起こしのエキスパート

文字起こし専門の会社も「**850**点以上を取得した人だと安心して仕事を依頼できる」と評価しています。この得点を目指して学習しましょう。

---

[1]　会議内容を紙1枚程度にまとめるといった、いわゆる「議事要旨」を作成するものです。

※「文字起こしの用途と加工の強さの例」の「語学学習用など」とは、「講義を録音して文字起こしし、自分の復習に使う」「英語音声を聞きながらそれを文字にしてみる」といった用途です。

『文字起こし技能テスト』要項

概要

受験資格：年齢・職業・学歴などいずれも不問

受験料金：5,000円（税別）

試験実施回数：年2回

パソコン環境など

『文字起こし技能テスト』は、受験者が持つ本来のスキルをはかるためにも、自宅（もしくは学校・会社）で、使い慣れたパソコンを使用し受験することが可能となっています。ただし、インターネットに接続できる環境が必要です。問題提示や解答の送付は、インターネット上にて行われます。アプリケーションソフト（Wordなど）やハードウエアの使用に制限はありません。

禁止事項

自宅などで受けられる試験ということで、下記のような禁止事項があります。またこれ以外にも、ウェブサイトの『文字起こし技能テスト』規約に目を通しておきましょう。

試験中に書籍やインターネット検索で言葉などを調べることは問題ありません。ただし、下記の禁止事項があります。

・試験中に試験問題や解答を他人に教えること

・試験中に他人から答えを教わること

・試験中に試験問題や解答をインターネット上にアップすること

・試験中に試験問題や解答がアップされたウェブサイトやSNSなどを見ること

・その他、試験の正常な運営を妨げると判断されるような行為をすること

※テストに関する情報は変更される場合があります。受験者は必ず自分で『文字起こし技能テスト』ウェブサイトで確認してください。

※**問い合わせ先**

一般社団法人文字起こし活用推進協議会　文字起こし技能テスト事務局

『文字起こし技能テスト』ウェブサイト　https://mojiokoshi.org/　のお問い合わせフォームから問い合わせ

『文字起こし技能テスト』の流れ

受験申し込みから前日まで

　受験申込受付期間内　『文字起こし技能テスト』ウェブサイト
（https://mojiokoshi.org/）の申し込みフォームから申し込む

　7日前まで　受験番号がメールまたは郵送で届く

　前日まで　試験で使用するファイルのダウンロード先がメールで通知されるので、ダウンロードしておく。パスワードがかかっているので、まだ開くことはできない

試験当日

　午前10時30分　「知識編」指定のウェブサイトにパスワードが掲示され、メールでも届く。パスワードを入力してファイルを開き、受験準備をする

　午前10時40分〜午前11時10分　「知識編」試験

　午前11時15分00秒までに　「知識編」解答を送信

　休憩　15分

　午前11時30分　「実技編」指定のウェブサイトにパスワードが掲示され、メールでも届く。パスワードを入力してファイルを開き、受験準備をする

　午前11時40分〜12時10分　「実技編」試験

　12時15分00秒までに　「実技編」解答を送信

試験後40日程度

　「採点結果」「解答と解説」「試験結果証明書」がメールまたは郵送で届く

音声が再生できない、ヘッドホンが故障した、インターネットがつながらないなどの不調には、一切対応されません。事前によく調整しておきましょう。締め切り時刻を過ぎた解答は無効になります。余裕を持って送信しましょう。

※試験当日のスケジュールは、天災ほかのやむを得ない事情により変更されることがあります。

受験時の注意事項

文字起こし技能テストの本番では、次のような注意事項があります。

受験準備

受験準備ができ次第、解答を始めて構いません。

試験

早く終わった場合、試験時間中に解答を送信して試験を終了しても構いません。

解答送信

送信は、知識編、実技編それぞれ1回のみです。

知識編は11時10分、実技編は12時10分になったら直ちに送信してください。5分の猶予時間は、自宅などの受験場所で回線の不調があった場合にご自身で対応するためです。

【入力・修正について】

■特殊な文字（環境依存文字、機種依存文字、外字）は使用できません。

■Wordなどにいったん入力して最後にWEB解答用紙にコピー＆ペーストする場合、文字サイズやフォントの種類が異なって表示されることがありますが、問題はありません。

■問題文の表記は新聞表記を採用していますが、解答の表記は選択したそれぞれの表記（新聞表記または速記表記）に従ってください。

知識編

■解答できない欄は空欄のままとし、確信がない解答も＝などの特別な記号を付けずに入力してください。

■解答入力後、次の解答欄へ進むときはTabキーかマウス操作で移動してください。Enterキーを押すと、次の解答欄へは移動せず、【確認】画面に進んでしまいます。

実技編

■聞き取れた箇所だけあちこち部分的に起こすのではなく、冒頭から起こしていく必要があります。聞き取れない言葉は仕様書に従った不明処理をして進みます。

本書過去問題の採点方法

■知識編

解答を見て、○か×を付けてください。部分点は例外的なケースのみです。

■実技編

チェックポイント

チェックポイントを見て、○か×を付けてください。部分点は例外的なケースのみです。

全体的な起こし方

A〜Eの項目で採点されます。各項目で、どの小項目にも該当しなければ○、1個該当していれば△、2個以上該当していれば×となります。

A〜Eの項目とそれぞれの小項目は下記の通りです。（実施回によって内容が多少異なる場合がありますが、おおむね同様の内容です）

A　不要な文字や記号が入力されていない

・不要なスペースがある　例）鈴木と　申します。

・不要なタブ記号がある　例）鈴木と申　　　　　します。

（「申」と「し」の間にタブ記号がある）

・機種依存文字や環境依存文字などが使われている　例）㍍ など

・明らかに発言されていない言葉が挿入されている

例）発言「鈴木と申します」→「鈴木と申しまｓす」

（発言されていない「ｓ」が入っている）

・片仮名が半角になっている

B　句読点のバランスが取れている

・全く「。」のない部分が極端に続く

・全く「、」のない部分が極端に続く

・句読点の不適切な連続「、、」「、。」「。、」「。。」

・句読点に半角の「、」「。」が使われている（句読点が全角の仕様の場合）

・句読点に「,」や「.」が使われている（句読点に「、」「。」を使う仕様の場合）

※以上に当てはまっていなければ、句読点の位置が起こし例と異なっていてもよい

C　段落替えのバランスが取れている

- ・空白行が途中や冒頭にある
- ・センテンスの途中に不要な改行マークが入っている
- ・段落替えが全くない
- ・仕様書に指定された段落数より多い・少ない
- ・段落冒頭の記号が仕様と異なっている
  - （全角スペースの仕様→半角スペースになっているなど）
- ・段落冒頭のスペースの有無が仕様と異なっている

　※以上に当てはまっていなければ、段落替えの位置が起こし例と異なっていてもよい

D　数字・英字の全半角などが仕様に沿っている

- ・アラビア数字の全角・半角が、仕様と異なっている
- ・アラビア数字を使うべきところに漢数字が使われている
- ・漢数字を使うべきところにアラビア数字が使われている
- ・アラビア数字の位取りコンマの有無が仕様と異なっている
- ・英字の全角・半角が仕様書と異なっている

　※チェックポイントになっている英字や数字の語はこの欄では採点しない

E　記号の使い方が仕様に沿っている

- ・仕様書に使用可と明記している記号以外が使われている
- ・「　」や（　）が半角で使われている（「　」（　）が使用可の仕様の場合）
- ・●や〓の箇所に音声のタイムが付記されている
- ・●が2個以上連続している
- ・〓が1個だけで、もしくは挟まず〓〓と連続で使われている
- ・〓●〓などになっている
- ・聴取不能箇所や確認できない箇所が、●や〓以外の記号で表現されている
  - （〓が下駄記号でなくイコール記号「＝」になっているなど）

全体的な起こし方　項目A〜Eの配点

　音声の半分**以上**を起こした場合　→　各20点（△は各10点、×は0点）

　音声の半分**未満**を起こした場合　→　各10点（△は各5点、×は0点）

　※4分50秒の音声の場合、2分25秒以上起こせていたら各20点の配点

実技編の採点Q&A

Q.「全体的な起こし方」の各項目について、具体的に教えてください。

A. 項目A~Eと、その小項目についての補足説明は下記の通りです。

A 不要な文字や記号が入力されていない

・試験本番では、仕様書に指示がないのに採点者への連絡事項などが入力されていることも減点対象になります。

B 句読点のバランスが取れている

・句読点（特に読点）は、「本日は、私ども、○○社の、」と極端に多いと読みにくく、逆に数百字にわたって読点が1個もないという状態でも読みにくいものになります。文字起こし技能テストでは、ほどよく句読点が打てているかも採点されます。

C 段落替えのバランスが取れている

・句読点や段落替えは、人によって解釈のばらつきがある程度出ることは当然なので、起こし例と同じである必要はありません。極端に不自然でなければ減点はされないと考えて大丈夫です。段落替えや読点がぜひとも必要という箇所は、「チェックポイント」になっていることもあります。「チェックポイント」に指定されている箇所は、その箇所で段落替えや読点がなければ減点対象となります。

・「段落替えは7〜9個程度」という仕様の場合、段落が1〜6個または10個以上だと減点対象になります。音声の最後まで起こされていない場合は、「このまま最後まで起こしたら？」という想定で採点されます。例えば「7段落〜9段落の仕様で、4分30秒まで起こされ段落数2個の解答」→「このまま最後まで起こしても、残り30秒程度（文字数にして200字弱）であと5〜7個の段落は作成不可能」なため減点、といった形です。

D 数字・英字の全半角などが仕様に沿っている

・アラビア数字とはいわゆる「1、2、3……」と表記する数字のことです。（洋数字とも呼ばれます）

・位取りのコンマが必要な場合、特に仕様で指定がない限り位取りコンマの全角・半角はアラビア数字の全角・半角に合わせます。（例：1,200、１，２００）

E 記号の使い方が仕様に沿っている

・「！」や「？」が使用可能な仕様の場合、特に指定がない限り全角の「！」「？」を使用します。

Q. 起こした内容で変換間違いがありましたが、減点になるでしょうか？

A. チェックポイントになっていない箇所であれば、減点対象にはなりません。

Q. 起こし始めに入れてしまった空白行は採点には関係ないですか？

A. いいえ。入力内容の冒頭行から採点の対象になりますので、Cの小項目「空白行が途中や冒頭にある」に該当し、減点対象となります。

Q. 段落冒頭は全角スペース1個の仕様ですが、半角スペース2個でも見た目は分からないですよね？

A. スペースの全角・半角の違いも確認できる状態で採点していますので、スペースが全角の仕様で半角になっている場合は減点対象になります。Wordなどで編集記号を表示の状態にして、スペースの全角・半角を確認してください。

Q. 全角の「？」使用可の仕様でしたが、半角の「?」を2カ所で使ってしまいました。この場合は2回減点することになりますか？

A. いいえ。同じ種類（同じ小項目）の減点が複数箇所あっても、減点数としては1個となります。

Q. 新聞表記のテキストで「恐らく・おそらく」など、複数の表記が掲載されている場合、「それは恐らく（おそらく）違います」などと両方書いた方がいい？

A. 複数の表記が許容されている言葉もあります。一つの言葉に対してはどちらか一つの表記のみを書いてください。

Q. 音声内容を簡潔に、読みやすい文章にしたら点数が上がりますか？

A. いいえ。文章（書き言葉）への全面的な書き換えは、実務では行われることがありますが、文字起こし技能テストでは出題されません。

Q. 文字サイズやフォントの種類、書式設定などは指定がある？

A. 指定はありません。文書作成ソフトなどに入力するとき、フォントなどは自由です。起こした文字列をWEB解答用紙にコピー＆ペーストすると、自分が設定したのと違う文字の大きさや行間の空きなどになることがありますが、変わってしまっても問題ありません。

□それでは、第3回●協議会を始めさせていただきたいと思います。連休初日にわざわざお集まりいただきましてありがとうございます。私は昨日まで出張で沖縄に行っておりまして、台風が来ておりましたので、直撃されたら戻りの飛行機が飛ばないかもしれないとこで、大変ひやひやいたしました。その沖縄の視察の状況も、もし時間がありましたらできればと思っております。↵
□本日はご多席の古はいらっしゃいませ ひ 合昌ご山度しいということですね、ただし

↑明朝体で入力し、行間をゆったり空けた書式設定で入力したデータ。
（Wordで入力したもの。全角スペースと改行マークが画面に表示される設定）

実技編解答欄

それでは、第3回●協議会を始めさせていただきたいと思います。連休初日にわざわざお集まりいただきましてありがとうございます。私は昨日まで出張で沖縄に行っておりまして、台風が来ておりましたので、直撃されたら戻りの飛行機が飛ばないかもしれないとこで、大変ひやひやいたしました。その沖縄の視察の状況も、もし時間がありましたらできればと思っております。

↑WEB解答用紙に貼り付けた状態。ゴシック体になり行間が詰まって表示されている。右端の折り返し位置が入力段階とは異なるが、各段落の末尾で正しく段落替えされていれば問題ない（この例ではどちらも「できればと思っております。」の後ろで段落替えされている）。

※実際の WEB 解答用紙はこれとは異なることがあります。

【知識編 採点表】 第14回、第15回用

次のような配点で採点してください。

1	10点	10点	10点	**11**	(1)10点	(2)10点	(3)10点	
2	(誤)10点	(正)10点		**12**	30点			
3	(1)10点	(2)10点	(3)10点	**13**	(1)10点	(2)10点	(3)10点	
4	(1)10点	(2)10点	(3)10点	**14**	30点			
5	(1)10点	(2)10点	(3)10点	**15**	(1)10点	(2)10点	(3)10点	
6	(1)10点	(2)10点	(3)10点	**16**	(1)10点	(2)10点	(3)10点	
7	(1)10点	(2)10点	(3)10点	**17**	(1)10点	(2)10点	(3)10点	
8	(1)10点	(2)10点	(3)10点					
9	(1)10点	(2)10点	(3)10点					
10	(1)10点	(2)10点	(3)10点	**500 点中**			**点**	

※問題12、問題14の配点が30点の採点表です。

【知識編　採点表】　第16回、第17回用

次のような配点で採点してください。

1	10点	10点	10点	**11**	(1)10点	(2)10点	(3)10点
2	(誤)10点	(正)10点		**12**	30点		
3	(1)10点	(2)10点	(3)10点	**13**	(1)10点	(2)10点	(3)10点
4	(1)10点	(2)10点	(3)10点	**14**	(1)10点	(2)10点	(3)10点
5	(1)10点	(2)10点	(3)10点	**15**	(1)10点	(2)10点	(3)10点
6	(1)10点	(2)10点	(3)10点	**16**	(1)10点	(2)10点	(3)10点
7	(1)10点	(2)10点	(3)10点	**17**	(1)10点	(2)10点	(3)10点
8	(1)10点	(2)10点	(3)10点				
9	(1)10点	(2)10点	(3)10点				
10	(1)10点	(2)10点	(3)10点	**500 点中**			**点**

※問題 12 のみ配点が 30 点の採点表です。

【実技編　採点表】

次のような配点で採点してください。

チェックポイント（各20点）							
①	点	⑥	点	⑪	点	⑯	点
②	点	⑦	点	⑫	点	⑰	点
③	点	⑧	点	⑬	点	⑱	点
④	点	⑨	点	⑭	点	⑲	点
⑤	点	⑩	点	⑮	点	⑳	点

全体的な起こし方

＜音声の半分**以上**を起こした場合＞
A〜E各20点（小項目1個該当は△→各10点、2個以上該当は×→0点）

＜音声の半分**未満**まで起こした場合＞
A〜E各10点（小項目1個該当は△→各5点、2個以上該当は×→0点）

A	不要な文字や記号が入力されていない	点
B	句読点のバランスが取れている	点
C	段落替えのバランスが取れている	点
D	数字・英字の全半角などが仕様に沿っている	点
E	記号の使い方が仕様に沿っている	点
	500 点中	**点**

第**14**回問題

第14回問題で使う教材ファイルと、問題の解き方

知識編

「14_chishiki_onsei」フォルダ内

14-1.mp3〜14-17.mp3までの17ファイル

【問題の解き方】音声14-1.mp3を聞きながら本書24ページの問題1を解く、音声14-2.mp3を聞きながら問題2を解く、以降同様

実技編

「14_jitsugi_onsei」フォルダ内

jitsugi_14.mp3（4分41秒）

【問題の解き方】本書29ページ以降の仕様書と資料を参照して、音声jitsugi_14.mp3を全て文字起こしする

■第14回　知識編　問題

※音声は標準語の高低アクセントと異なることがあります。また、発音が明瞭であるとは限りません。

※特に指定がない設問では、英字とアラビア数字は半角で解答してください。

問題1

聞き取り間違いをしている部分の番号を三つ選びなさい。

> そこまで制約を(1)課すると、(2)こんな事例の子も(3)治療するという、私たちの(4)信条と(5)離隔してしまいます。これまで(6)いいとしてきたことを否定することになりかねません。

問題2

聞き取り間違いを探し、その語句と正しい語句を記入しなさい。

> 本当は、東京発着の枠が今の倍もしあれば、地方空港はもっと拠点しているはずなんです。

問題3

空欄に当てはまる言葉を書きなさい。

> (1)【　　　】は、教育分野では(2)【　　　】、体験学習というような意味です。ビジネス用語としては投資会社が(3)【　　　】を派遣するといった、出資先の経営に深く関与することを意味します。

問題4

空欄に当てはまる言葉を書きなさい。

(1)【　　　】は地球温暖化によって水没の危機にある(2)【　　　】による連合です。(3)【　　　】でできた小さな島国や、沿岸部の海抜が低い国などが参加して、温室効果ガスの削減目標の設定などを求めています。

問題5

空欄に当てはまる言葉を書きなさい。

ふくささばきをするのは(1)【　　　】ですから。お客なら扇子と懐紙、あと菓子切りっていう(2)【　　　】みたいなものがあれば大丈夫です。えっ、家で自分で(3)【　　　】飲みたいんですか。

問題6

空欄に当てはまる言葉を書きなさい。

定職にも(1)【　　　】、家族が(2)【　　　】になっても自分の理想ばかりを追い続けてきたような人なんですが、ようやく己の所業を(3)【　　　】つもりになったらしいですよ。

問題7

空欄に当てはまる言葉を書きなさい。

(1)【　　　】山道を進んでいくと、急に視界が開けて大きな池が(2)【　　　】んです。私が行った時はもやがかかっていて、でも水面に紅葉がかすかに(3)【　　　】いて、本当に絵のようでした。

問題8

空欄に当てはまる言葉を書きなさい。

言近くして(1)【　　　】というんでしょうか、(2)【　　　】内容ですから分かるようで本当は理解できないんです。つくづく自分は(3)【　　　】なんだなと感じましたよ。

問題9

仕様に従って、空欄に当てはまる言葉を書きなさい。

仕様：ギリシャ文字は全角の小文字

　　　例：**正解**→λ　　**不正解**（大文字や片仮名）→　Λ　ラムダ

ギリシャ文字は結構よく使われます。円周率の(1)【　　　】なんかは代表的ですね。(2)【　　　】は果樹園の地図記号に似ていてかわいらしい形です。大文字はごついですけどね。(3)【　　　】はサイン・コサインで使われます。

問題10

空欄に当てはまる言葉を書きなさい。

婚約の報告(1)【　　　】伺います。(2)【　　　】お願いしております お仲人の件も、(3)【　　　】お返事を頂けるものと期待しております。

問題11

空欄に当てはまる言葉を書きなさい。

お向かいもお隣も親戚筋で、誰かが住まなくなった場合はお互い土地を引き取ることにして、(1)【　　　】を昔から決めてたんです。うちはこれまで(2)【　　　】だけは敷地の隅に残していたんですけど、いよいよ(3)【　　　】です。

問題12

仕様に従った場合の【　】内の起こしを書きなさい。

仕様：独り言や言い間違い等は起こさない。

次に、【　　　　　　　】の下段にある表をご覧いただけますでしょうか。

問題13

仕様に従った場合の、空欄に当てはまる言葉を書きなさい。

仕様：言いやすさなどのために音が変化した部分を、本来の言い方に直して書く。

それはうちで(1)【　　　】というのを伝えてあるけど、ゴーサインがもらえないんですよ。許可が出ればすぐ現場に(2)【　　　】ように(3)【　　　】けど、なかなか進まなくて。

問題14

仕様に従った場合の【　】内の起こしを書きなさい。

仕様：意味的に重複している表現を整理する。

ここで【　　　　　　　】なってしまったのです。

問題15

空欄に当てはまる言葉を書きなさい。

人名が出てきたとき、先まで聞くと検索の(1)【　　　】になる言葉が出てくることがあります。そういう(2)【　　　】になる言葉は、例えば会社名や役職名、著作や研究論文名などです。特定できた人名を(3)【　　　】確認することをお忘れなく。

問題16

空欄に当てはまる言葉を書きなさい。

文字起こしをしている時に自分のパソコンで(1)【　　　】や(2)【　　　】が鳴ると、どきっとしますよね。Windowsの場合はコントロールパネルからサウンド設定をして、(3)【　　　】という項目を選択しておくといいですよ。

問題17

空欄に当てはまる言葉を書きなさい。

インタビューでは発言が(1)【　　　】ことがよくあります。そのまま起こすと話が(2)【　　　】されて分かりにくくなります。特別な仕様がない限りは、話が切れるところまで続けて起こすなど、(3)【　　　】に対応することが必要になります。

解答は本書32ページ以降を参照

■第14回　実技編　問題

（仕様書）

話の内容と話者の情報：

・企業内の会議。話者は会議参加者の一人。

資料：あり（本書31ページ）

本文の入力方法：

・1行目から入力する。話者名を立てる必要はない

・話の内容が変わるところなど、切りのいいところで段落替えする

・段落替えは7〜9個。各段落の冒頭は全角スペース1個を入力

・本文の途中に空白行は入れない

表記：

・内閣告示を基本とし、具体的には新聞表記と速記表記から申込時に選択した表記。ただし、<u>31ページの資料にある言葉は資料の表記に合わせる</u>

その他は、

・英字：半角

・数字：漢数字で表記する慣用が強い語は漢数字。それ以外は半角のアラビア数字。位取りコンマを入れる。万以上で単位語（単位字）を入れる

・句読点：全角の「、　。」

・使用可の記号　資料で使われている記号と、全角の「」（）

不明箇所の処理：

・音声内容と仕様書・資料から確定できない固有名詞など→片仮名で入力し、初出のみ文字列の両端に＝（下駄記号）を入力。＝は「げた」と入力して変換すると、変換候補に表示される

- 聞き取れなかった部分→文字数にかかわらず●（黒丸記号）1個を入力
- 聞き取りまたは表記に確信がない部分→適宜、片仮名書きなど

※いずれもタイムの付記は不要

修正処理など：

【行う処理】
- 「あのー」「えーと」などの削除
- 明らかな言い間違いの修正
- 明らかな重複表現の修正
- い抜き言葉・ら抜き言葉・さ入れ言葉などの修正
- 「って」「っていう」など→「という」などへの修正
- 変化した音の修正（例：やっちゃって→やってしまって）

【行わない処理】
- 語順の変更

【行っても行わなくてもよい処理】
- 助詞の修正や補い
- 「んです」→「のです」への修正
- 語尾の「ね」「よ」「よね」など→付いていても削除でもよい

※音声は標準語の高低アクセントと異なることがあります。また、発音が明瞭であるとは限りません。

資料は次のページにあります

（資料）

入社理由

最初に内定をくれた企業に入社するつもりだった。当社はF社より半日早く、Ss社より3日以上早かったので当社に決めた。（Gさん）

就活塾で相談し、友人や親や恩師にも相談したが、大勢の意見を聞くほど迷い、採用サイトや通常サイトの印象から決めた。（Mさん）

採用サイトの印象で決めた。軽妙でノリがいい感じ、堅苦しくない感じ、仰々しくない、根性論などを振りかざさない感じ。特に窪田さんの紹介ページで、こんなふうに仕事をしたいと思った。（Kさん）

グループディスカッション後の締めの言葉「a-ha体験もヒヤリ・ハット体験も学生のうちは多くない。でも、今日の内容は必ず入社後に役立つ」に感銘を受けたのが大きい。(Sさん)

起こし例、チェックポイントは本書37ページ以降を参照

■第14回　知識編　解答と解説

下記以外の解答でも○または△になることがあります
【新】新聞表記　【速】速記表記

問題1の答え

【新】2　3　6
【速】2　3　6

解説

本当はこう言っている：
(2) 困難事例　(3)受容する　(6)依拠して

問題2の答え

【新】（誤）拠点して　　（正）活況を呈して
【速】（誤）拠点して　　（正）活況を呈して

解説

正と誤で抜き出す長さが同じであればこれと異なっても可。「活況を
呈する」とは活気があってにぎわっている様子。

問題3の答え

【新】(1) ハンズオン　(2) インタラクティブな学習　(3) 社外取締役
【速】(1) ハンズオン　(2) インタラクティブな学習　(3) 社外取締役

解説

「ハンズオン（手を触れる）」という言葉が、教育分野とビジネス分
野でどんな使い方をされているかという話題。
(2)「インタラクティブな学習」とは、「（一方的に教えられるだけで
はない）双方向的な、主体的な学習」といった意味。

問題4の答え

【新】(1) AOSIS　(2) 島しょ国　(3) サンゴ礁

【速】(1) AOSIS　(2) 島嶼国　(3) サンゴ礁

解説

(1)「AOSIS」はAlliance of Small Island Statesの略。特に指定がなければ英字は半角と問題用紙に記載されているので、全角にしない。
(2)は【新】【速】で表記が異なる。

問題5の答え

【新】(1) 亭主側　(2) ようじ　(3) お抹茶をたてて

【速】(1) 亭主側　(2) ようじ　(3) お抹茶をたてて

解説

いずれも茶道に関する言葉。
(1)亭主は、茶道においては主催者を指す。
(2)「楊子」と表記しない。
(3)「点てて」と表記しない。

問題6の答え

【新】(1) 就かず　(2) 干ぼし　(3) 省みる

【速】(1) 就かず　(2) 干ぼし　(3) 省みる

解説

(2)「日干し」は日光に干すという意味なので違う。
(3)語られているのはこれまで家庭を「顧みなかった」人物についてだが、ここは己の所業を「反省する」という意味のため「省みる」となる。

問題7の答え

【新】（1）うっそうとした　（2）現れる　（3）映って

【速】（1）鬱蒼とした　（2）現れる　（3）映って

解説

(1)音読みの表外字は【新】では「漢字にして読みを添える」表記が多いが、この言葉は平仮名が指定されている。

(2)現「わ」れるという送り仮名ではない。また「大きな池が」という具体的な対象には「表れる」を使わない。

問題8の答え

【新】（1）意遠し　（2）深遠な　（3）凡俗の徒

【速】（1）意遠し　（2）深遠な　（3）凡俗の徒

解説

(1)「言近くして意遠し」とは、言葉は平易だが意味は奥深いという意味。「意遠し」が聞き取れない場合は「言近くして」でネット検索すると見つかる。

(2)「深淵」は意味が異なる。

(3)「凡俗の徒」は平凡な人間という意味。

問題9の答え

【新】（1）π　（2）σ　（3）θ

【速】（1）π　（2）σ　（3）θ

解説

「ギリシャ文字の小文字」を入力する仕様。パイとシグマの大文字はΠとΣで小文字と区別しやすいが、シータの大文字はΘで小文字と似ているため注意が必要。

問題10の答え

【新】（1）かたがた　（2）かねて　（3）色よい

【速】（1）かたがた　（2）かねて　（3）色よい

解説

(1)(2)【新】【速】とも平仮名が指定されている。

(3)【新】では「色」の項に、【速】では「─よい」の項に記載されている。

問題11の答え

【新】（1）売り渡し価格　（2）蔵　（3）取り壊し

【速】（1）売渡価格　（2）蔵　（3）取壊し

解説

(1)(3)【新】【速】で送り仮名の付け方が異なる。

(2)旧家の土蔵などは「倉」ではなくこの字を使う。

問題12の答え

【新】次の次のページ

【速】次の次のページ

解説

発話「えー、次のペー、あ、これじゃなかった、次の次、えー、のページ」を仕様に沿って直す。

問題13の答え

【新】（1）やらせて　（2）行ける

　　　（3）なっているんです または なっているのです

【速】（1）やらせて　（2）行ける

　　　（3）なっているんです または なっているのです

解説

発話(1)やらさせて　(2)行けれる　(3)なってんす　の音が変化した部分を直す。別の言葉には置き換えない。例えば(1)なら「やらさせて」の「さ」を抜くのみ。

(2)「現場に」なので「行く」という漢字を使う。平仮名「いく」としない。

問題14の答え

【新】予測できない事態が起きて、研究に専念できなく

【速】予測できない事態が起きて、研究に専念できなく

解説

「あらかじめ予測」「専ら専念」2カ所の重複を修正する。

「あらかじめ」の元々の漢字は「予め」であるため、「予」測と重複している。

問題15の答え

【新】(1) 糸口　　(2) 端緒　　(3) 検索し直して

【速】(1) 糸口　　(2) 端緒　　(3) 検索し直して

解説

(1)の「糸口」が聞き取れれば、(2)が「短所」ではないと推測できる（「糸口」と似た意味である「端緒」）。(3)は、(1)(2)をヒントにネット検索して見つけた人名を、今後はその人名でネット検索して前後関係に合うことを再確認するという意味。

問題16の答え

【新】(1) エラー音　　(2) 通知音　　(3) サウンドなし

【速】(1) エラー音　　(2) 通知音　　(3) サウンドなし

解説

(3)「サウンド無し」と表記しない。「Windowsの場合はコントロールパネルからサウンド設定」をヒントに「サウンド設定 サウンド無し」などで検索すると「サウンドなし」という用語であることが分かる。

問題17の答え

【新】(1) かぶる　　(2) 寸断　　(3) 臨機応変

【速】(1) かぶる　　(2) 寸断　　(3) 臨機応変

解説

(1)「被る」と表記しない。

(2)「分断」ではなく「寸断」と発話されている。

　それでは、①1年次社員へのインタビュー内容について説明いたします。1ページ目はインタビュー概要になります。こちらは前回の定例会議でおおよそご紹介しておりますので省略しますけれども、順調に進みまして、話の②内容も得るものは多かったです。

　ただ、興味深かったのはインタビューに応じてくれた社員たちが③喜んでいたことでして、こういうことを質問されたいと思っていたし、人事に対して伝えたかったと言っていました。考えてみれば、④配属先の人たちというのは就活の経過を⑤そんなには知らなくて、初めて会った人みたいにして新人に対処しているわけですよね。でも当人たちは就活中ずっとこの会社について調べたり悩んだりしていたわけですし、ガクチカをまとめたり、自分探しをしたり、ESを提出したり、そういった入社前の長い時間を私たちはなかったことにして無視していたのではないかと反省いたしました。

⑥＿入社理由[1]ですけど、これはいわゆる志望動機ではなくて承諾の動機というか、何が決め手で踏み切ったのか、複数の内定が出たときどう決めたかという話です。まず、このGさんはもともと最初に出た企業で決めるつもりで、異業種のF社とか同業の⑦あのSs社が後から来たけど決心は揺らがなかったというありがたい人です。

　次の人は複数もらって迷ってしまい、各社のホームページを読み直したということでした。ただ、口コミサイトなどで種々の情報が出回

---

[1] 段落冒頭に全角スペースが必要な仕様。他の回でも同様な仕様の場合、起こし例では＿で示している。

っておりますから、⑧猜疑（さいぎ）心も募ったと。それでも複数の会社を見比べる取り組みを続けますと、⑨おのおのの特徴がおぼろげに分かってくるそうです。採用サイトだけではなくて当社の通常の⑩サイトも細部まで吟味したということで、他の人もこくこくとうなずいていましたから、そんなに見られているんだと、こちらとしてはちょっと驚きました。ちなみにこの人は、⑪18万何千円払った就活塾がさほど役立たなかったとぼやいていました。10枚5,400円の証明写真はお値打ち品だったとか、就職活動でかかった金額を他にもいろいろ教えてくれました。

　サイトの印象ですけど、当社は明るい軽い雰囲気だそうです。文書化することをドキュメンテーションと書いてあるところが新鮮で、好感を持てたそうです。「そこか」という感じですけど。実は「顧客に⑫ユーザーセンタードなデザインを提供」という言い回しがサイト作成のフェーズで問題になりまして、こんな表現は学生には分からないという意見が強くて言い換えたんですけど、そういうところに格好良さを⑬見いだすという側面もあるんだなと思いました。

　社員紹介のコンテンツも、営業職だと登場しているのが⑭あの窪田君なので「お客さんと盛り上がるのが楽しい、うれしい」と、かなりお調子者という雰囲気ですよね。会社によっては「くじけそうになりながら何度も訪問して、ついに契約に⑮こぎ着けたときの充実した汗の輝き」みたいなトーンですけど、そういうのは嫌というか、自分にはできないと敬遠してしまう人たちが当社に来ているという理解だと思います。

　それから、グループディスカッションが良かったという回答の人もいました。お題は「⑯a-ha体験とヒヤリ・ハット体験はどちらが人を成長させるか」という、私たちでも一概には言えないという曖昧な答

えになりがちだと思うんですけど、当日仕切った⑰＝タケムラ＝さん
が最後に、今日の内容が必ず入社後に役立ちますと説いたんですね。

　⑱目からうろこ体験は自分だけで感動せずにチームに共有するのが
会社に所属して働く場合は大事だとか、うっかり体験どころかやらか
し体験もするだろうけど落ち込まなくていい、みんな全力で手を貸す
から、むしろそれがチームをレベルアップする機会だと全員が⑲分か
っているからという内容です。「あの言葉を胸に刻んで、失敗したとき
ほど⑳視座を高く持って、業務プロセスを改善していきたいと思って
います」と、この人は言っていました。

文字起こしに一つの完全な正解というものはありません。人によって微妙に違うの
が普通です。
・段落替えの位置や句読点の位置は起こし例と違っていてもよい
・表記は起こし例と多少違っていてもよい(新聞表記から大きく外れた表記はNG)

①～⑳はチェックポイント。
文字起こしする際、下線や①などの記号は入力不要です。

　それでは、①1年次社員へのインタビュー内容について説明いたします。1ページ目はインタビュー概要になります。こちらは前回の定例会議でおおよそ御紹介しておりますので省略しますけれども、順調に進みまして、話の②内容も得るものは多かったです。

　ただ、興味深かったのはインタビューに応じてくれた社員たちが③喜んでいたことでして、こういうことを質問されたいと思っていたし、人事に対して伝えたかったと言っていました。考えてみれば、④配属先の人たちというのは就活の経過を⑤そんなには知らなくて、初めて会った人みたいにして新人に対処しているわけですよね。でも当人たちは就活中ずっとこの会社について調べたり悩んだりしていたわけですし、ガクチカをまとめたり、自分探しをしたり、ESを提出したり、そういった入社前の長い時間を私たちはなかったことにして無視していたのではないかと反省いたしました。

⑥　入社理由[2]ですけど、これはいわゆる志望動機ではなくて承諾の動機というか、何が決め手で踏み切ったのか、複数の内定が出たときどう決めたかという話です。まず、このGさんはもともと最初に出た企業で決めるつもりで、異業種のF社とか同業の⑦あのSs社が後から来たけど決心は揺らがなかったというありがたい人です。

　次の人は複数もらって迷ってしまい、各社のホームページを読み直したということでした。ただ、口コミサイトなどで種々の情報が出回

---

[2]　段落冒頭に全角スペースが必要な仕様。他の回でも同様な仕様の場合、起こし例では＿で示している。

っておりますから、⑧猜疑心も募ったと。それでも複数の会社を見比べる取組を続けますと、⑨おのおのの特徴がおぼろげに分かってくるそうです。採用サイトだけではなくて当社の通常の⑩サイトも細部まで吟味したということで、ほかの人もこくこくとうなずいていましたから、そんなに見られているんだと、こちらとしてはちょっと驚きました。ちなみにこの人は、⑪18万何千円払った就活塾がさほど役立たなかったとぼやいていました。10枚5,400円の証明写真はお値打ち品だったとか、就職活動でかかった金額をほかにもいろいろ教えてくれました。

　サイトの印象ですけど、当社は明るい軽い雰囲気だそうです。文書化することをドキュメンテーションと書いてあるところが新鮮で、好感を持てたそうです。「そこか」という感じですけど。実は、「顧客に⑫ユーザーセンタードなデザインを提供」という言い回しがサイト作成のフェーズで問題になりまして、こんな表現は学生には分からないという意見が強くて言い換えたんですけど、そういうところに格好よさを⑬見いだすという側面もあるんだなと思いました。

　社員紹介のコンテンツも、営業職だと登場しているのが⑭あの窪田君なので「お客さんと盛り上がるのが楽しい、うれしい」と、かなりお調子者という雰囲気ですよね。会社によっては「くじけそうになりながら何度も訪問して、ついに契約に⑮こぎ着けたときの充実した汗の輝き」みたいなトーンですけど、そういうのは嫌というか、自分にはできないと敬遠してしまう人たちが当社に来ているという理解だと思います。

　それから、グループディスカッションがよかったという回答の人もいました。お題は「⑯a-ha体験とヒヤリ・ハット体験はどちらが人を成長させるか」という、私たちでも一概には言えないという曖昧な答

えになりがちだと思うんですけど、当日仕切った⑰＝タケムラ＝さん
が最後に、今日の内容が必ず入社後に役立ちますと説いたんですね。

　⑱目からうろこ体験は自分だけで感動せずにチームに共有するのが
会社に所属して働く場合は大事だとか、うっかり体験どころかやらか
し体験もするだろうけど落ち込まなくていい、みんな全力で手を貸す
から、むしろそれがチームをレベルアップする機会だと全員が⑲分か
っているからという内容です。「あの言葉を胸に刻んで、失敗したとき
ほど⑳視座を高く持って、業務プロセスを改善していきたいと思って
います」と、この人は言っていました。

文字起こしに一つの完全な正解というものはありません。人によって微妙に違うの
が普通です。
・段落替えの位置や句読点の位置は起こし例と違っていてもよい
・表記は起こし例と多少違っていてもよい（速記表記から大きく外れた表記はNG）

■第14回　実技編 チェックポイント

チェックポイント①
【新】1年次社員　　【速】1年次社員

解説
1年次、2年次…と数えられる数なのでアラビア数字（仕様により半角）。

チェックポイント②
【新】内容も得るものは　　【速】内容も得るものは

解説
得るの読み方を「える・うる」と迷っている独り言部分はケバとして整理する。

チェックポイント③
【新】喜んでいた　　【速】喜んでいた

解説
い抜き表現「喜んでた」を仕様に従って直す。

チェックポイント④
【新】配属先の人たちというのは　　【速】配属先の人たちというのは

解説
「っていうのは」を仕様に従って直す。

チェックポイント⑤
【新】そんなには知らなくて　　【速】そんなには知らなくて

解説
言い間違いや言い直しを整理する。

チェックポイント⑥
【新】＿＿入社理由　　【速】＿＿入社理由　　（＿＿は実際には全角スペース1個）

解説

意味的に段落替えが必要な箇所。冒頭に全角スペース1個を入力する仕様。

チェックポイント⑦

【新】あのSs社　　　【速】あのSs社

解説

「あの」はケバではなく強調表現なので起こす。アルファベットは半角。大文字小文字は資料を確認。

チェックポイント⑧

【新】猜疑（さいぎ）心も募った　　　【速】猜疑心も募った

解説

ここでは、会社サイトの情報と口コミサイトの情報が違い過ぎて、会社を疑っている状態。

チェックポイント⑨

【新】おのおのの特徴　　　【速】おのおのの特徴

解説

「各」や「各々」と表記しない。

チェックポイント⑩

【新】サイトも細部まで　　　【速】サイトも細部まで

解説

「サイトも細かい細部まで」の重複を修正。「サイトも細かい部分まで」でもよい。

チェックポイント⑪

【新】18万何千円　　　【速】18万何千円

解説

曖昧な数は漢数字で「何千」。前半は単位語「万」で区切られて後半とは別なのでアラビア数字。

チェックポイント⑫

【新】ユーザーセンタードなデザイン

【速】ユーザーセンタードなデザイン

解説

ユーザーにとっての使いやすさが特に追求されたデザインを指す。

チェックポイント⑬

【新】見いだす 　　　【速】見いだす

解説

「見出す」「見い出す」と表記しない。

チェックポイント⑭

【新】あの窪田君 　　　【速】あの窪田君

解説

資料から拾える人名。「あの」はケバではなく強調表現なので起こす。

チェックポイント⑮

【新】こぎ着けた 　　　【速】こぎ着けた

解説

「こぎつけた」と表記しがちだが、【新】【速】ともこの表記が指定されている。

チェックポイント⑯

【新】a-ha体験とヒヤリ・ハット体験

【速】a-ha体験とヒヤリ・ハット体験

解説

仕様により資料通りの表記。「-」も半角。ヒヤリ・ハットの「・」を忘れずに。

チェックポイント⑰

【新】■タケムラ■さん 　　　【速】■タケムラ■さん

解説

資料から拾えない人名を仕様に沿って表記する。

チェックポイント⑱

【新】目からうろこ　　　【速】目からうろこ

解説

「ウロコ」「鱗」ではなく平仮名が指定されている。

チェックポイント⑲

【新】分かっている　　　【速】分かっている

解説

発話は「分かっている」。もし「分かってる」と聞こえても今回の仕様ではい抜き表現を修正する。

チェックポイント⑳

【新】視座を高く持って　　　【速】視座を高く持って

解説

ここでは1年目の社員でも管理職やリーダーの視点から物事を捉えるといった意味。

実技編【全体的な起こし方】

採点方法については、本書15ページ以降を参照してください。

仕様書も見ながら確認しましょう。第14回で留意する項目は下記の通りです。

C　段落替えのバランスが取れている

チェックポイント⑥以外は、段落替えの位置が起こし例と異なっていてもよい

D　数字・英字の全半角などが仕様に沿っている

チェックポイント（①⑦⑪⑯）になっている語の英字や数字はこの欄では採点しない

〔第14回　平均点：知識編　376点、実技編　331点、合計点　707点〕

第15回問題

第15回問題で使う教材ファイルと、問題の解き方

知識編

「15_chishiki_onsei」フォルダ内

15-1.mp3〜15-17.mp3までの17ファイル

【問題の解き方】音声15-1.mp3を聞きながら本書48ページの問題1を解く、音声15-2.mp3を聞きながら問題2を解く、以降同様

実技編

「15_jitsugi_onsei」フォルダ内

jitsugi_15.mp3（5分4秒）

【問題の解き方】本書53ページ以降の仕様書を参照して、音声jitsugi_15.mp3を全て文字起こしする

■第15回　知識編　問題

※音声は標準語の高低アクセントと異なることがあります。また、発音が明瞭であるとは限りません。

※特に指定がない設問では、英字とアラビア数字は半角で解答してください。

問題1

聞き取り間違いをしている部分の番号を三つ選びなさい。

(1)経営仕様を確認するため、キャッシュフロー(2)精算書もあらためて見てみましたが、やはりIT投資が弱いようですね。(3)コンペティターに対する(4)優位性を確立すべく、(5)DX推進の機運を(6)造成していきたいと思います。

問題2

聞き取り間違いを探し、その語句と正しい語句を記入しなさい。

第1四半期の実質GDP成長率は、底が落ちて0.5%増となっています。一方、名目値は0.6%増となり、消費の回復や堅調な設備投資にけん引され着実に前進しています。

問題3

空欄に当てはまる言葉を書きなさい。

冬のオリンピックでは(1)【　　　】方式といって、前半ジャンプの成績で後半クロスのスタート順が決まるんです。私は団体(2)【　　　】で最終走者になりましたが、敵は前を走るドイツの選手じゃなくて眉毛も凍る(3)【　　　】の気候でしたね。

問題7

空欄に当てはまる言葉を書きなさい。

実家の田んぼは稲の(1)【　　　】が揺れて金色の海のようです。でも、家屋は誰も住んでいないせいか(2)【　　　】目立ってきました。近日中になんとか資金を(3)【　　　】修繕したいと思っています。

問題8

空欄に当てはまる言葉を書きなさい。

師の(1)【　　　】を継いで5年、やっと出来上がった(2)【　　　】辛苦の作品です。ここまでやったからこそ、今後は(3)【　　　】加えていけそうな気がしています。

問題9

空欄に当てはまる言葉を書きなさい。

家で(1)【　　　】の刺し身を切るなら三徳包丁で大丈夫です。包丁は(2)【　　　】手入れされたものを使ってください。気を付けて。左手の(3)【　　　】が伸びていますよ。

問題10

空欄に当てはまる言葉を書きなさい。

これは(1)【　　　】ですけど、どうも他からの助力は期待できないみたいなんです。もう腹を(2)【　　　】この(3)【　　　】でやるしかないようですよ。

50

問題11

空欄に当てはまる言葉を書きなさい。

> 怪しげな政治家が(1)【　　　　】世の中にしてはなりません。
> 私は明るい未来を(2)【　　　　】一市民として、事の(3)【　　　　】
> つまびらかにしていただきたいと思っております。

問題12

仕様に従った場合の【　】内の起こしを書きなさい。

仕様：意味的に重複した表現を修正する。

> 確かに【　　　　　　　】大変なことは認識しています。それでも、
> ここは多くの意見が必要となるのです。

問題13

仕様に従った場合の、空欄に当てはまる言葉を書きなさい。

仕様：い抜き・ら抜き表現を修正する。助詞を補う。言いやすさなどのために
音が変化した部分を本来の言い方に直す。

> のり面から(1)【　　　】って件、(2)【　　　】は大丈夫そうだけ
> ど、早めに手当てした方がいいかも。(3)【　　　】なりそうな気が
> しますよ。

問題14

仕様に従った場合の【　】内の起こしを書きなさい。

仕様：言い間違いの部分を削除する。

> 私の誤解かもしれないですけど、以前のお話とはちょっと合ってい
> ないというか、【　　　　　　　】ように思うんですよ。

問題15

空欄に当てはまる言葉を書きなさい。

コンピューターを長時間使用することにより、(1)【　　　】、別名テクノストレス(2)【　　　】になることがあります。眼精疲労だけではなく身体的な不調も伴うので、(3)【　　　】だけでは不十分かもしれません。

問題16

空欄に当てはまる言葉を書きなさい。

(1)【　　　】効果とは音声の(2)【　　　】とも言われ、騒音の中でも会話をする相手の声だけを判別できる現象です。これを応用して、その場にいるつもりになれば、(3)【　　　】場所でのインタビューも少しは聞き取りやすくなるかもしれません。

問題17

空欄に当てはまる言葉を書きなさい。

ガ行(1)【　　　】が使われていると「が」と「な」の区別がつけにくく、車内と(2)【　　　】が真逆の意味に聞こえたりするので要注意です。お年寄りは(3)【　　　】声がかすれることがあるので、これまた聞き取りには注意が必要です。

解答は本書55ページ以降を参照

■第15回 実技編 問題

（仕様書）

話の内容と話者の情報：

・統廃合検討委員会 跡地利活用WG第1回会合　光頭座長のあいさつ

資料： なし

本文の入力方法：

・1行目から入力する。話者名を立てる必要はない

・話の内容が変わるところなど、切りのいいところで段落替えする

・段落替えは7〜9個。各段落の冒頭は全角スペース1個を入力

・本文の途中に空白行は入れない

表記：

・内閣告示を基本とし、具体的には新聞表記と速記表記から申込時に選択した表記　ただし「ワーキンググループ」やその略称として使われている言葉は、いずれもWGと記載する

・英字：半角

・数字：漢数字で表記する慣用が強い語は漢数字。それ以外は1桁全角、2桁以上半角のアラビア数字。位取りコンマを入れる。万以上で単位語（単位字）を入れる

・句読点：全角の「、　。」

・使用可の記号：全角の「 」（ ）

・単位：アルファベットや単位記号や上付き文字などを使わない

　　　例）〇15立方キロメートル　×15km³

不明箇所の処理：

・音声内容と仕様書からは確定できない固有名詞など→文字列の両端に＝（下駄記号）を入力。＝は「げた」と入力して変換すると、変換候補に表示される

・聞き取れなかった部分→文字数にかかわらず●（黒丸記号）1個を入力

・聞き取りまたは表記に確信がない部分→適宜、片仮名書きなど

※いずれもタイムの付記は不要

修正処理など：

【行う処理】

・「あのー」「えーと」などの削除

・明らかな言い間違いの修正や削除

・い抜き言葉・ら抜き言葉などの修正

・助詞の修正や補い

【行わない処理】

・「って」「っていう」→「と」「という」への修正

・変化した音の修正（例：やっちゃって→やってしまって）

・語順の変更

・「んです」→「のです」への修正

【行っても行わなくてもよい処理】

・語尾の「ね」「よ」「よね」など→付いていても削除でもよい

（資料なし）

起こし例、チェックポイントは本書61ページ以降を参照

■第15回　知識編　解答と解説

下記以外の解答でも○または△になることがあります

【新】新聞表記　【速】速記表記

問題1の答え

【新】Ⅰ　2　6

【速】Ⅰ　2　6

解説

　本当はこう言っている：

　(1) 経営指標　(2)計算書　(6)醸成して

問題2の答え

【新】（誤）底が落ちて　（正）速報値で

【速】（誤）底が落ちて　（正）速報値で

解説

　抜き出す長さが同じであればこの範囲以外でもよい。

問題3の答え

【新】(Ⅰ) グンダーセン　(2) スプリント　(3) 酷寒

【速】(Ⅰ) グンダーセン　(2) スプリント　(3) 酷寒

解説

　スキー競技ノルディック複合の話題。(1)問題文に出てくる「団体スプリント」などの語でネット検索すると見つけやすい。

　(3)「極寒（ごっかん）」ではなく「酷寒（こっかん）」と発話されている。

問題4の答え

【新】(Ⅰ) 人証　(2) 過料の制裁　(3) 人定質問

【速】(Ⅰ) 人証　(2) 過料の制裁　(3) 人定質問

解説

　民事訴訟の証人の話題。(1)「人証」とは人的証拠のこと。

　(2)過料と科料の違いは短時間では調べにくいため、実際の第15回試験では「科料の制裁」も正答とした。

　(3)「人定質問」とは、ここでは証人尋問の冒頭で証人の氏名や住まいが確認されること。

問題5の答え

【新】(1) 遅延送出　　(2) オンエアされている　　(3) 検閲しながら

【速】(1) 遅延送出　　(2) オンエアされている　　(3) 検閲しながら

解説

　テレビ番組の放映の話題。いわゆるディレイ放送に関係する内容。

　(2)「オン・エア」や「オンエアー」と表記しない。【新】【速】とも、表記のテキストでは外来語のページに記載されている。

問題6の答え

【新】(1) 画像生成サービス　　(2) 循環史観　　(3) うまさ

【速】(1) 画像生成サービス　　(2) 循環史観　　(3) うまさ

解説

　(1)「描いてほしい題材を文字で入力し、雰囲気（問題文では「幻想的」）を選択すると画像が生成される」といったサービスのこと。

　(3)【新】【速】とも「巧さ」「上手さ」ではなく平仮名が指定されている。

問題7の答え

【新】(1) 穂波　　(2) 腐朽が　　(3) 調えて

【速】(1) 穂波　　(2) 腐朽が　　(3) 調えて

解説

　(1)稲穂が波のように揺れることは「穂並み」ではなくこの字を使う。

　(2)「ふきゅう」は同音異義語が多いが、「家屋」「誰も住んでいない」から傷んでいる様子と捉えて「腐朽」となる。

（3）お金や物資を調達するという意味では「整える」ではなくこの表記になる。

問題8の答え

【新】（1）衣鉢　　（2）粒々　　（3）さらなる味を

【速】（1）衣鉢　　（2）粒々　　（3）さらなる味を

解説

(1)「衣鉢を継ぐ」は、ここでは師の後を継ぐという意味。鉢の読みは「はち・はつ」であり読み仮名は不要とされている。

(2)【新】【速】とも表記のテキストに「粒々辛苦」という言い回しで記載されている。

(3)【新】「さらなる」は表記のテキスト「さらに」の項に記載されている。

問題9の答え

【新】（1）にぎりずし用　　（2）砥石（といし）で　　（3）人さし指

【速】（1）握りずし用　　（2）砥石で　　（3）人さし指

解説

(1)すしは「寿司」「鮨」でなく平仮名指定されている。【新】「すし」「にぎる」の項に記載されている。【速】「にぎりずし」の項に記載されている。

(3)「人差し指」と表記しない。

問題10の答え

【新】（1）また聞き　　（2）くくって　　（3）メンツ

【速】（1）又聞き　　（2）くくって　　（3）メンツ

解説

(3)メンツは「体面」「メンバー」などの意味だが、どの意味でも「面子」ではなく片仮名表記が指定されている。【新】表記のテキストには「面目」という言い換え例が記載されているが「メンバー」の場合は当てはまらない（文字起こしではそもそも言い換えをせず、発

話どおりに文字化する）。

問題11の答え

【新】（1）跳梁跋扈（ちょうりょうばっこ）する　（2）こいねがう
　　　（3）顛末（てんまつ）を　または　顚末（てんまつ）を

【速】（1）跳梁ばっこする　（2）こいねがう　（3）てんまつを

解説

（1）【新】【速】で表記が異なるので注意。

（2）「こいねがう」は強く願うこと。漢字としては「冀う」などが使われるが、【新】【速】とも平仮名が指定されている。

（3）【新】顛末＋読み仮名が指定されているが、顚が環境依存文字のため顚末＋読み仮名も正答とする。

問題12の答え

【新】われわれも意見を募るのが

【速】我々も意見を募るのが

解説

発話「われわれどもも」「意見募集を募るのが」それぞれの意味的な重複を直す。「募るのは」ではなく「募るのが」と発話されている。前半は元発言「われわれ」を優先し「私どもも」としない。【新】「われわれ」は平仮名。

問題13の答え

【新】（1）水が出ている　（2）あれは今のところ
　　　（3）放っておくと大ごとに

【速】（1）水が出ている　（2）あれは今のところ
　　　（3）放っておくと大ごとに

解説

発話(1)水、出てる　(2)あれ今んとこ　(3)ほっとくと大ごとに　をそれぞれ仕様に沿って直す。

【速】注として「ほっておく」が掲載されているが、この問題の仕様

は「音が変化した部分を本来の言い方に直す」であるため「放って
おく」が正解となる。

問題14の答え
【新】齟齬（そご）を来している
【速】そごを来している

解説
　発話「齟齬がきて、き、齟齬を来している」を仕様に沿って直す。
「きたす」の表記に注意。

問題15の答え
【新】（1）VDT症候群　　（2）眼症　　（3）点眼薬
【速】（1）VDT症候群　　（2）眼症　　（3）点眼薬

解説
　(1)英字部分を聞き取るのが難しいが、多少間違えて聞き取っても
「症候群」を付けてネット検索すると正しい情報がヒットすることが
多い。問題用紙1ページ目に英字は半角という記載があるので全角
「ＶＤＴ」は不正解。
　(3)点眼薬は目薬のこと。

問題16の答え
【新】（1）カクテルパーティー　　（2）選択的聴取　　（3）やかましい
【速】（1）カクテルパーティー　　（2）選択的聴取　　（3）やかましい

解説
　(1)【新】【速】とも「パーティ」ではなく「パーティー」が指定さ
れている（外来語の欄）。
　(2)問題文にもあるように、自分が聞く必要のある声がそれ以外の声
に優先して聞き取れる現象のこと。

問題17の答え

【新】（1）鼻濁音　　（2）車外　　（3）声帯萎縮で

【速】（1）鼻濁音　　（2）車外　　（3）声帯萎縮で

解説

(2)音声は鼻濁音を使っていないので「しゃがい」とはっきり聞き取れる。問題文に「車外」が出てくるのでその対義語と判断。「社外」ではない。

　おはようございます。私は本WGの座長を務めさせていただきます①光頭と申します。前回の小学校統廃合の際に検討委員として関わらせていただいたご縁で、今回の座長を②拝命いたしました。どうぞよろしくお願いいたします。

　さて、前回の統廃合は③5校あった小学校を3校にするというものでした。私としては④精いっぱい頑張ったつもりですけれども至らない点も多く、苦労したことばかりが記憶に鮮明で、まだ終わって間もないという印象がありました。ですが、⑤はや二十数年が経過しておりまして、その間に少子化はますます加速、ついに小学校1校という事態も射程内に入ってしまいました。

　そこで再び検討委員会が設置されたのがおととしのことですね。何度も白熱した話し合いを重ねまして、ようやく計画の骨子が固まりつつあります。統廃合の時期は10年後ということで割とすんなり決まったんですけれども、白熱したのは場所の話し合いです。誰でも自分の地域の学校は残したいものですからね。それでも3校の中では⑥＝ミナミ＝小学校が一番新しく、敷地面積も⑦2万1,021平方メートルと広いものですから、こちらを増改築して使うことでようやく決着がつくようでございます。つまり残り2校が廃校となるわけでございます。

　前回の統廃合で問題になりましたのが、跡地利用ですね。跡地をどうしたらいいかがなかなか決まらず、私も委員として非常に苦慮した覚えがあります。結局妙案もなく、役場の分室として使うことになりました。もっと有効な使い方があるのではないかと私は⑧異議を唱え

たんですけれども、今回はその反省を踏まえまして、この⑨跡地利活用WGができた次第でございます。⑩時期尚早ではないかという意見もございましたが、⑪前車の轍（てつ）は踏みたくないということで、なんとか委員会の了承を取り付けました。前回は委員会全体での検討でしたので蝸牛（かぎゅう）の歩みだったわけですが、今回はWGができたことで、スピード感をもって⑫事に当たれると思っております。

⑬　私たちの最初の仕事ですけれども、参考事例を収集し、この地域に転用できるかどうか選別することから始めたいと思います。つまり⑭たたき台となるものを用意することですね。もちろん独自案があればどんどん提案していただきたいと思いますが、最初は実態を知り私たちの知識を増やすことも必要だと思います。

廃校となります小学校は、片や市街地、⑮片や郊外の丘陵地と、それぞれ立地が異なっております。当然利活用方法も違ってくるものと思われます。市街地は交通の便がいいので地の利を生かし、郊外の小学校はグラウンドが広いのでそれを生かすことができるのではないかと愚考いたしている次第です。その辺も含めて事例を選別してまいりたいと思います。

それでは、お手元の資料をご覧ください。全国の廃校利用の事例を集めたものです。これは都道府県の⑯建制順に並んでいるのかな。ざっと見ただけでも、教育施設や文化施設以外に医療施設や福祉施設など、いろいろに使われていますね。面白いものでは水族館やトラフグ養殖、⑰ドローン操縦士の育成教習所なんていうのもあります。活用事業者も、一般企業、学校法人、NPO法人と、さまざまです。

まずはこの事例集を精査することから始めたいと思います。財政基盤が脆弱（ぜいじゃく）な地元の実情も踏まえまして、⑱施設改修費用の自治体負担分なども考慮する必要がございます。そして転用可能

なものをピックアップしてまいります。同時に近隣の⑲市町や同じ規
模感の自治体の事例も、直接調べていきたいと思っています。皆さま
も情報収集にご協力ください。ぜひお持ちの⑳つてを総動員して、情
報を集めていただきたいと思います。

文字起こしに一つの完全な正解というものはありません。人によって微妙に違うの
が普通です。
・段落替えの位置や句読点の位置は起こし例と違っていてもよい
・表記は起こし例と多少違っていてもよい（新聞表記から大きく外れた表記はNG）

■第15回　実技編
速記表記 起こし例

①～⑳はチェックポイント。
文字起こしする際、下線や①などの記号は入力不要です。

　おはようございます。私は本WGの座長を務めさせていただきます①光頭と申します。前回の小学校統廃合の際に検討委員として関わらせていただいた御縁で、今回の座長を②拝命いたしました。どうぞよろしくお願いいたします。

　さて、前回の統廃合は③5校あった小学校を3校にするというものでした。私としては④精いっぱい頑張ったつもりですけれども至らない点も多く、苦労したことばかりが記憶に鮮明で、まだ終わって間もないという印象がありました。ですが、⑤はや二十数年が経過しておりまして、その間に少子化はますます加速、ついに小学校1校という事態も射程内に入ってしまいました。

　そこで再び検討委員会が設置されたのがおととしのことですね。何度も白熱した話合いを重ねまして、ようやく計画の骨子が固まりつつあります。統廃合の時期は10年後ということで割とすんなり決まったんですけれども、白熱したのは場所の話合いです。誰でも自分の地域の学校は残したいものですからね。それでも3校の中では⑥＝ミナミ＝小学校が一番新しく、敷地面積も⑦2万1,021平方メートルと広いものですから、こちらを増改築して使うことでようやく決着がつくようでございます。つまり残り2校が廃校となるわけでございます。

　前回の統廃合で問題になりましたのが、跡地利用ですね。跡地をどうしたらいいかがなかなか決まらず、私も委員として非常に苦慮した覚えがあります。結局妙案もなく、役場の分室として使うことになりました。もっと有効な使い方があるのではないかと私は⑧異議を唱え

たんですけれども、今回はその反省を踏まえまして、この⑨跡地利活用WGができた次第でございます。⑩時期尚早ではないかという意見もございましたが、⑪前車の轍は踏みたくないということで、何とか委員会の了承を取り付けました。前回は委員会全体での検討でしたので蝸牛の歩みだったわけですが、今回はWGができたことで、スピード感をもって⑫事に当たれると思っております。

⑬＿私たちの最初の仕事ですけれども、参考事例を収集し、この地域に転用できるかどうか選別することから始めたいと思います。つまり⑭たたき台となるものを用意することですね。もちろん独自案があればどんどん提案していただきたいと思いますが、最初は実態を知り私たちの知識を増やすことも必要だと思います。

　廃校となります小学校は、片や市街地、⑮片や郊外の丘陵地と、それぞれ立地が異なっております。当然利活用方法も違ってくるものと思われます。市街地は交通の便がいいので地の利を生かし、郊外の小学校はグラウンドが広いのでそれを生かすことができるのではないかと愚考いたしている次第です。その辺も含めて事例を選別してまいりたいと思います。

　それでは、お手元の資料を御覧ください。全国の廃校利用の事例を集めたものです。これは都道府県の⑯建制順に並んでいるのかな。ざっと見ただけでも、教育施設や文化施設以外に医療施設や福祉施設など、いろいろに使われていますね。面白いものでは水族館やトラフグ養殖、⑰ドローン操縦士の育成教習所なんていうのもあります。活用事業者も、一般企業、学校法人、NPO法人と、様々です。

　まずはこの事例集を精査することから始めたいと思います。財政基盤が脆弱な地元の実情も踏まえまして、⑱施設改修費用の自治体負担分なども考慮する必要がございます。そして転用可能なものをピック

アップしてまいります。同時に近隣の⑲市町や同じ規模感の自治体の事例も、直接調べていきたいと思っています。皆様も情報収集に御協力ください。ぜひお持ちの⑳つてを総動員して、情報を集めていただきたいと思います。

文字起こしに一つの完全な正解というものはありません。人によって微妙に違うのが普通です。
・段落替えの位置や句読点の位置は起こし例と違っていてもよい
・表記は起こし例と多少違っていてもよい（速記表記から大きく外れた表記はNG）

■第15回　実技編 チェックポイント

下記以外の解答でも○または△になることがあります
【新】新聞表記　【速】速記表記

チェックポイント①

【新】光頭と　　　【速】光頭と

解説

仕様書で確認できる人名、読みは「こうず」。

チェックポイント②

【新】拝命いたしました　　　【速】拝命いたしました

解説

「いたす」は補助動詞の場合、平仮名表記。

チェックポイント③

【新】５校あった　　【速】５校あった

解説

1桁数字は全角の仕様。数えられる数字はアラビア数字という仕様
なので「五校」としない。

チェックポイント④

【新】精いっぱい　　【速】精いっぱい

解説

【新】【速】とも「精一杯」ではなくこの表記が指定されている。

チェックポイント⑤

【新】はや二十数年　　　【速】はや二十数年

解説

「はや」は平仮名。【速】「早い」の欄にある。【新】【速】曖昧な数
は「20数年」ではなく漢数字。

チェックポイント⑥

【新】〓ミナミ〓小学校　　　【速】〓ミナミ〓小学校

解説

仕様書に出てこない固有名詞。さまざまな字が考えられるので「南」と決めつけない。

チェックポイント⑦

【新】2万1,021平方メートル　　　【速】2万1,021平方メートル

解説

単位語「万」の前は1桁数字として全角。「飛んで」は文字化しない。単位の書き方は仕様に従う。

チェックポイント⑧

【新】異議を唱えた　　　【速】異議を唱えた

解説

「異義」「威儀」などの同音異義語に注意。

チェックポイント⑨

【新】跡地利活用WG　　　【速】跡地利活用WG

解説

「跡地活用」ではなく「利」が入っている。ワーキングは半角で「WG」と書く仕様。

チェックポイント⑩

【新】時期尚早ではないか　　　【速】時期尚早ではないか

解説

「しょうそう」の部分で言い直しているが、このように普通に書く。

チェックポイント⑪

【新】前車　　　【速】前車

解説

「前車の轍（てつ）を踏む」は前の人と同じ失敗をするという意味のたとえ。「全社」「前者」ではない。

チェックポイント⑫

【新】事に当たれる　　　【速】事に当たれる

解説

形式名詞は平仮名「こと」だが、この表現の場合「こと」は実質名詞として漢字表記になる。

チェックポイント⑬

【新】＿私たちの最初の仕事　　　【速】＿私たちの最初の仕事

（＿は実際には全角スペース1個）

解説

内容的に段落替えが必要な箇所。段落冒頭は全角スペース1個を入力する仕様。

チェックポイント⑭

【新】たたき台　　　【速】たたき台

解説

【新】【速】ともこの表記となる。

チェックポイント⑮

【新】片や郊外の丘陵地と　　　【速】片や郊外の丘陵地と

解説

「方や」「かたや」ではなくこの表記が指定されている。

チェックポイント⑯

【新】建制順に並んでいる　　　【速】建制順に並んでいる

解説

「建制順」は平仮名でネット検索すると見つかる。「並んでる」のい抜き表現を仕様に従って直す。

チェックポイント⑰

【新】ドローン操縦士の　　　【速】ドローン操縦士の

解説

発話がつかえているので慎重に聞き取る。

チェックポイント⑱

【新】施設改修費用　　　【速】施設改修費用

解説

施設をリフォームする費用なので「回収」という字ではない。

チェックポイント⑲

【新】市町や　　　【速】市町や

解説

同じ読みの「市長」などとの混同を避けるため「しまち」と発話
されている。

チェックポイント⑳

【新】つてを　　　【速】つてを

解説

【新】【速】とも平仮名表記が指定されている。

実技編【全体的な起こし方】

採点方法については、本書15ページ以降を参照してください。

仕様書も見ながら確認しましょう。第15回で留意する項目は下記の通りです。

C　段落替えのバランスが取れている

チェックポイント⑬以外は、段落替えの位置が起こし例と異なっていてもよい

D　数字・英字の全半角などが仕様に沿っている

チェックポイント（③④⑤⑦⑨）になっている語の英字や数字はこの欄では採点しない

〔第15回　平均点：知識編　305点、実技編　340点、合計点　645点〕

第16回問題

第16回問題で使う教材ファイルと、問題の解き方

知識編

「16_chishiki_onsei」フォルダ内

16-1.mp3〜16-17.mp3までの17ファイル

【問題の解き方】音声16-1.mp3を聞きながら本書72ページの問題1を解く、音声16-2.mp3を聞きながら問題2を解く、以降同様

実技編

「16_jitsugi_onsei」フォルダ内

jitsugi_16.mp3（5分3秒）

【問題の解き方】本書77ページ以降の仕様書と資料を参照して、音声jitsugi_16.mp3を全て文字起こしする

■第16回　知識編　問題

※音声は標準語の高低アクセントと異なることがあります。また、発音が明瞭であるとは限りません。

※特に指定がない設問では、英字とアラビア数字は半角で解答してください。

問題1

聞き取り間違いをしている部分の番号を三つ選びなさい。

> セキュリティー(1)診断を行った結果、一部システムの(2)静寂性が見つかり(3)緊急メンテナンスを行っています。(4)繁盛系システムの稼働を停止しておりますので、本日の(5)日次の(6)利上げ報告は行いません。

問題2

聞き取り間違いを探し、その語句と正しい語句を記入しなさい。

> さまざまな集まりに顔を出した方が良いとご教示いただきまして、早速先日、心身系の起業家とキャピタリストとの合宿に参加してまいりました。将来性のあるスタートアップには出資が行われるとのことで、プレゼンも白熱しておりました。

問題3

空欄に当てはまる言葉を書きなさい。

> ごみ処理施設に集められたごみはまず(1)【　　　】されます。その後、(2)【　　　】という大型の装置にかけると、破片の大きさ別に分けられます。そしてごみの(3)【　　　】の違いを利用して、幾つかの機械で焼却ごみとリサイクルごみに分別しています。

問題4

空欄に当てはまる言葉を書きなさい。

2025年から大学入学共通テストが大きく変わると、塾から通知があったんです。文科省から(1)【　　　】というのが出されて、「情報」の教科が導入されるそうです。以前の(2)【　　　】を履修した(3)【　　　】には、経過措置が講じられるようですよ。

問題5

空欄に当てはまる言葉を書きなさい。

(1)【　　　】は「(2)【　　　】」を意味するラテン語が語源です。そこから、いつでもどんな場所でも(3)【　　　】つながり合うというイメージが提唱されました。

問題6

空欄に当てはまる言葉を書きなさい。

霜が(1)【　　　】と苗に被害が出てしまいますから、今年は不織布の(2)【　　　】ネットに頼りました。このネットは防風や防虫の効果もあるらしいですよ。雑草を防ぐ方の(3)【　　　】効果はないんですけどね。

問題7

空欄に当てはまる言葉を書きなさい。

確定申告では(1)【　　　】の記帳が本当に苦手で、どれが借方で何が貸方になるか、毎年頭を悩ませています。小まめに記録しようと思いながら、つい記帳が(2)【　　　】しまうんです。提出が終わった時には(3)【　　　】気分です。

問題8

空欄に当てはまる言葉を書きなさい。

形はちょっと(1)【　　　　】になってしまったけど、今回の
(2)【　　　　】はおいしくできました。(3)【　　　　】ですが、出来
たてを台所で立ったまま食べてしまいました。

問題9

空欄に当てはまる言葉を、仕様に従って書きなさい。

仕様：アラビア数字は半角。英字は、略語や頭字語は全角、一般的な単語は半角。

領海の(1)【　　　　】、すなわちベースラインから沖へ(2)【　　　　】
までの範囲で設定できるのが排他的経済水域です。ただし、他国の
船が通ることまで禁止したりはできません。(3)【　　　　】と呼ばれ
る通り、エクスクルーシブなエコノミックゾーンです。

問題10

空欄に当てはまる言葉を書きなさい。

わが子が親の手元にいるうちは、(1)【　　　　】笑顔をたくさん見た
いんです。何があっても身を(2)【　　　　】守ってあげたい。なるべ
く(3)【　　　　】思いはさせたくないですね。

問題11

空欄に当てはまる言葉を書きなさい。

私の出身地は、海辺の(1)【　　　　】とした漁村です。一時は人口減
少でもはや(2)【　　　　】状態だったんですけれども、村を挙げた取
り組みで最近は(3)【　　　　】が見えてきています。

74

問題12

仕様に従った場合の【　】内の起こしを書きなさい。

仕様：「えー」などを削除、同じことを2度以上言っていたら後から言った方を生かす。

> では、議題に入ります。【　　　　　　　　　　】お願いできますでしょうか。埼玉支店から右回りでお願いできればと思います。

問題13

仕様に従った場合の、空欄に当てはまる言葉を書きなさい。

仕様：音が変化した部分を本来の言い方に直す。

> 無理強いはしたくないと思いながらも、やはり読書は毎日
> (1)【　　　】ね。どうしても(2)【　　　　】、若い時の読書量に
> (3)【　　　】思いますので。

問題14

仕様に従った場合の【　】内の起こしを書きなさい。

仕様：漢字の読みを間違えているので、正しい漢字を推測して書く。

> どの大会でも賞を総なめするような百戦錬磨の(1)【　　　】ぞろいで、なのに「優勝を目指します」と(2)【　　　】してしまったので、本当にいちかばちか、(3)【　　　】の大勝負でした。

問題15

空欄に当てはまる言葉を書きなさい。

(1)【　　　】のヘッドホンは重いので、インナーイヤー型イヤホン二つを使い分けています。フィット感があって(2)【　　　】高いので、起こす際に重宝しています。ウェブ会議では(3)【　　　】のイヤホンを使っています。

問題16

空欄に当てはまる言葉を書きなさい。

動画公開用の(1)【　　　】も増えましたが、話者とカメラに距離がある場合、カメラの(2)【　　　】では細部が聞き取りにくい場合があります。事前に相談できれば(3)【　　　】や、話者の近くに別のレコーダーを置くなどをお願いしてみましょう。

問題17

空欄に当てはまる言葉を書きなさい。

変換されなかった専門用語は、読みと(1)【　　　】も添えて(2)【　　　】のテキストファイルにしておくと、日本語変換システムにまとめて単語登録でき、同じ分野をまた起こす際に役立ちます。(3)【　　　】などは市販の辞書ファイルもあります。

解答は本書80ページ以降を参照

■第16回　実技編　問題

（仕様書）

話の内容と話者の情報：

・中高生向けキャリア教育講演会　起業家　菊地氏の講演、冒頭部分

資料：あり（本書79ページ）

本文の入力方法：

・1行目から入力する。話者名を立てる必要はない

・話の内容が変わるところなど、切りのいいところで段落替えする

・段落替えは7〜9個。各段落の冒頭は全角スペース1個を入力

・本文の途中に空白行は入れない

表記：

・79ページの資料に出てくる言葉は資料通りの表記

・それ以外は新聞表記と速記表記から申込時に選択した表記

　ただし、

　　・英字：全て半角

　　・数字：漢数字で表記する慣用が強い語は漢数字。

　　　他は1桁全角、2桁以上半角のアラビア数字。位取りコンマを入

　れる。万以上で単位語（単位字）を入れる

　　・句読点：全角の「、　。」

　　・使用可の記号：全角の「　」（　）

不明箇所の処理：

・音声内容と仕様書からは確定できない固有名詞など→文字列の両

　端に＝（下駄記号）を入力。＝は「げた」と入力して変換すると、

　変換候補に表示される

・聞き取れなかった部分→文字数にかかわらず●（黒丸記号）1個を

入力

・聞き取りまたは表記に確信がない部分→適宜、片仮名書きなど

　※いずれもタイムの付記は不要

修正処理など：

【行う処理】

・「あのー」「えーと」などの削除

・明らかな言い間違いの修正や削除

・い抜き言葉・ら抜き言葉などの修正

・変化した音の修正（例：やっちゃって→やってしまって）

【行わない処理】

・語順の変更

・略語は略語のままとする（例：入試は「入学試験」とせず入試のまま）

【行っても行わなくてもよい処理】

・助詞の修正や補い

・「って」「っていう」→「と」「という」への修正

・「んです」→「のです」への修正

・語尾の「ね」「よ」「よね」など→付いていても削除でもよい

資料は次のページにあります

◆PROFILE◆

菊地KAZASI　氏

実業家、起業家、投資家、YouTuber

・株式会社ノノサト創業者
・広域通信制高等学校ユークリッド国際学園　発起人　設立メンバー
・YouTubeチャンネル「事業が全部成功する**百のaDVICE**」主催

通信制高校卒業後、大学を半年で中退し、24時間営業総菜店創業。
その後複数の事業立ち上げに関わり、現在はエンジェル投資家として活躍中。

起こし例、チェックポイントは本書85ページ以降を参照

■第16回　知識編　解答と解説

下記以外の解答でも○または△になることがあります
【新】新聞表記　【速】速記表記

問題1の答え

【新】2　4　6

【速】2　4　6

解説

本当はこう言っている：

【新】(2) 脆弱（ぜいじゃく）性　(4)勘定系　(6)売り上げ

【速】(2) 脆弱性　(4)勘定系　(6)売上げ

問題2の答え

【新】（誤）心身系　　（正）新進気鋭

【速】（誤）心身系　　（正）新進気鋭

解説

音声は「しんしんけい」ではなく「しんしんきえい」と言っている。

問題3の答え

【新】(1) 破砕　　(2) 粒度選別機　　(3) 物性

【速】(1) 破砕　　(2) 粒度選別機　　(3) 物性

解説

(2)一般に「〜器」は小型でシンプルなもの、「〜機」は大型で複雑なものに使われる。「大型の装置」という発言から「選別器」ではないと推測できる。

問題4の答え

【新】(1) 実施大綱の予告　　(2) 課程　　(3) 既卒者

【速】(1) 実施大綱の予告　　(2) 課程　　(3) 既卒者

解説

(1)「令和 7 年度大学入学者選抜に係る大学入学共通テスト実施大綱の予告」という文書を指す。

(2)「過程」などの同音異義語に注意。

問題5の答え

【新】(1) ユビキタス　(2) 遍在　(3) コンピューターを介して

【速】(1) ユビキタス　(2) 遍在　(3) コンピューターを介して

解説

(2)同音異義語「偏在」(つくりがにんべんの「偏」)は「かたよって存在する」ことなので、「いつでもどんな場所でも」とは意味が合わない。

(3)【新】【速】とも「コンピュータ」ではなく最後に長音記号「ー」が必要。

問題6の答え

【新】(1) 降りる　(2) 防霜　(3) 防草

【速】(1) 降りる　(2) 防霜　(3) 防草

解説

(1)霜が「おりる」はこの漢字。

(2)と(3)はいずれも「ぼうそう」だが、前後の発言からそれぞれ「霜」「草」を「防」ぐという漢字だと判断できる。

問題7の答え

【新】(1) 仕訳　(2) たまって　(3) 解放された

【速】(1) 仕訳　(2) たまって　(3) 解放された

解説

(1)経理・会計で勘定科目に分けることは、「仕分け」ではなくこの漢字を使う。【速】では「仕訳帳」という例が注で記載されている。

(3)圧迫から自由になるという意味では「開放」でなくこの漢字を使う。

問題8の答え

【新】（1）ふぞろい　　（2）シューマイ　　（3）不作法

【速】（1）ふぞろい　　（2）シューマイ　　（3）不作法

解説

　【新】【速】とも、（1）の「ふ」は平仮名指定、（3）は漢字「不」が指定されている。

　（2）【新】【速】とも、外来語の欄ではなく一般の用字用語欄に記載されている。

問題9の答え

【新】（1）基線　　（2）200カイリ　　（3）ＥＥＺ

【速】（1）基線　　（2）200海里　　（3）ＥＥＺ

解説

　（1）「すなわちベースライン」と説明されているので「汽船」や「機先」ではないと判断できる。

　（3）頭字語は全角という仕様により、半角EEZではなく全角ＥＥＺ。

問題10の答え

【新】（1）できる限り　　（2）ていして　　（3）つらい

【速】（1）できる限り　　（2）挺して　　（3）つらい

解説

　（1）（3）「できる」「つらい」はいずれも平仮名が指定されている。

　（2）【新】【速】とも「ていする」の欄に記載されている。「身を〜」の場合は「呈して」ではない。

問題11の答え

【新】（1）こぢんまり　　（2）風前のともしび　　（3）一陽来復の兆し

【速】（1）小ぢんまり　　（2）風前のともしび　　（3）一陽来復の兆し

解説

　（1）「じ」でなく「ぢ」であることに注意。

　（3）「一陽来復」は冬が終わって春が訪れること、再び良いことが起こるという意味。ここでは状況が持ち直すという意味で使われている。

問題12の答え

【新】まず支店ごとの概況報告から

【速】まず支店ごとの概況報告から

解説

"「えー」などを削除、同じことを2度以上言っていたら後から言った方を生かす"という仕様に沿って、発話「えーと、まず、えー、まず支店の、えー、支店ごとの概況報告から」を変更する。

問題13の答え

【新】(1) させてしまっています　(2) 読解力というのは
　　　(3) 比例するのではないかと

【速】(1) させてしまっています　(2) 読解力というのは
　　　(3) 比例するのではないかと

解説

「音が変化した部分を本来の言い方に直す」仕様。

発話はそれぞれ次の通り。

(1)させちゃってます　(2)読解力っていうのは　(3)比例するんじゃないかって

問題14の答え

【新】(1) 猛者　(2) 大言壮語　(3) 乾坤一擲（けんこんいってき）

【速】(1) 猛者　(2) 大言壮語　(3) 乾坤一擲

解説

「漢字の読みを間違えているので、正しい漢字を推測して書く」という仕様。

音声での読み上げと正しい読み方は次の通り。

(1)もうじゃ→もさ　(2)たいごんそうご→たいげんそうご
(3)かんこんいってき→けんこんいってき

問題15の答え

【新】(1) オーバーイヤー型　(2) 遮音性も　(3) カナル型

【速】(1) オーバーイヤー型　(2) 遮音性も　(3) カナル型

解説

　イヤホンやヘッドホンのさまざまな形状に関する話題。

　(2)【新】は用字用語のページに記載がないが、「遮→しゃ」は漢字表内の読みなので「遮音（しゃおん）性も」としない。

問題16の答え

【新】(1) 文字起こし案件　　(2) 内蔵マイク　　(3) ピンマイクの使用

【速】(1) 文字起こし案件　　(2) 内蔵マイク　　(3) ピンマイクの使用

解説

　(1)「お越し」「起し」などにならないよう注意。

　(2)「内臓」としないよう注意。

問題17の答え

【新】(1) 品詞　　(2) タブ区切り形式　　(3) 医学分野

【速】(1) 品詞　　(2) タブ区切り形式　　(3) 医学分野

解説

　単語登録の話題。1語ずつ登録する以外に、このように特定の形式で作成して、多くの「語と読みと品詞」をまとめて単語登録する方法がある。

　こんにちは、①菊地と申します。PTA会長さんに過分なご紹介を頂戴いたしまして少し面はゆい気持ちですけれども、皆さん、よろしくお願いします。

　簡単に自己紹介をさせていただきますね。私は「ノノサト」というチェーン店を全国に展開して、その会社を200億近く、②180億5,800万円で売却したんです。その辺から総資産数百億円とネットでたたかれていますけれども、あれは③うそです。そのお話はまた後でしますけれども、そこから今、また5個の事業を立ち上げて、全て成功しています。

　今はYouTuberもやっています。「④事業が全部成功する百のaDVICE」っていう名前でやらせていただいているんですけれども、今日ちょうど3万人の登録者になったんですよ。ご存じの方、いらっしゃいますか。いないかな。私のYouTubeの番組はとがっている感じで、ここに来ている皆さんにはなかなか興味は持ってもらえない⑤ところかもしれないですね。

　その立ち上げた事業の中には通信制高校もありまして、それは私自身の経験からスタートしたことなんですけれども、こんな選択肢も今はあるよってお伝えしたくて、ぜひ聞いてもらいたいと思っています。一つでも皆さんの⑥琴線に触れることがあればいいなと思っています。⑦　まず、私は中高一貫校に入ったんですけれども、中学では最初は中くらいの成績、そこから頑張ってトップクラスになったんです。ところが、高校生になると覚える科目が急に増えますね。中国の歴代王

朝の成立年なんかは、語呂合わせで暗記しても限界があります。理系は結構得意だったはずが、⑧化学も元素記号くらいは大丈夫だったんですけれども、⑨１価の弱塩基はアンモニア、そういう暗記は無理でしたね。暗記が苦手だったというより、自分に直接役立たないことを覚えるのが苦痛でした。それでもしばらくは不承不承ながらも教室に座っていたんですけれども、だんだん高校にも行かなくなって、⑩ネトゲ廃人な時期を経て、⑪アルバイトばかりして過ごすようになったんですよ。

　そのアルバイトの中で、地域で多店舗展開しているお店があったんですね。そのお店は出店戦略が甘くて、いわゆる⑫カニバリが原因、つまり同じチェーン店同士で競合したために衰退してしまったんです。お店を出す場合、ハフモデルという分析の計算式があるんですけれども、そういうツールを使ってしっかり⑬シミュレーションすれば良かったのに、しなかったんですかね。そんな経験からあれこれビジネスモデルを考察していたら、楽してそこそこ稼げるイメージが⑭こんこんと湧き出てきたんです。それなら自分で実現すればいいと気付いた。それが、今の私につながる一番の転機だったと思っています。

　そのキャリアビジョンを実現するにはこの高校ではないと気付いて、＝ユキハラ＝高校という通信制高校に⑮転学したんですね。そこではまったのが、マーケティングの部活です。いわゆる⑯SWOT分析などのマーケティングの基礎を学んで、自分なりのビジネスプランを考えて、ディスカッションする。製品なら簡単な試作品、⑰プロトタイプっていうんですけど、それを作って見せ合う。この部活でやりたい方向を突き詰めることができましたね。おかげで勉強も少しはするようになって、大学にも無事合格しました。実はすぐに退学したんですけれども、このお話も後ほどしますね。そんな⑱ドラスチックな人生

の一歩を踏み出した高校時代でした。

　やりたいことがないから取りあえず入れそうな大学でいいとか、漫然と考えている人、多いと思うんですよ。逆に一流大学以外は全部負けとか、学歴コンプレックスのある人もいると思います。私を見てください。まともに大学も出てない⑲成り金とやゆされていますけれども、成り金ってもともと将棋の用語なんですね。将棋では、一番前にいる小さい⑳駒、あの歩兵だって一歩ずつ進み続けたらと金になれるんです。今が何者でなくても一歩千金なんです。そんな私の歩んだ道が、皆さんの参考になればいいなと思います。

文字起こしに一つの完全な正解というものはありません。人によって微妙に違うのが普通です。
・段落替えの位置や句読点の位置は起こし例と違っていてもよい
・表記は起こし例と多少違っていてもよい（新聞表記から大きく外れた表記はNG）

　こんにちは、①菊地と申します。PTA会長さんに過分な御紹介を頂戴いたしまして少し面映ゆい気持ちですけれども、皆さん、よろしくお願いします。

　簡単に自己紹介をさせていただきますね。私は「ノノサト」というチェーン店を全国に展開して、その会社を200億近く、②180億5,800万円で売却したんです。その辺から総資産数百億円とネットでたたかれていますけれども、あれは③うそです。そのお話はまた後でしますけれども、そこから今、また５個の事業を立ち上げて、全て成功しています。

　今はYouTuberもやっています。「④事業が全部成功する百のaDVICE」っていう名前でやらせていただいているんですけれども、今日ちょうど３万人の登録者になったんですよ。御存じの方、いらっしゃいますか。いないかな。私のYouTubeの番組はとがっている感じで、ここに来ている皆さんにはなかなか興味は持ってもらえない⑤ところかもしれないですね。

　その立ち上げた事業の中には通信制高校もありまして、それは私自身の経験からスタートしたことなんですけれども、こんな選択肢も今はあるよってお伝えしたくて、ぜひ聞いてもらいたいと思っています。一つでも皆さんの⑥琴線に触れることがあればいいなと思っています。⑦　まず、私は中高一貫校に入ったんですけれども、中学では最初は中くらいの成績、そこから頑張ってトップクラスになったんです。ところが、高校生になると覚える科目が急に増えますね。中国の歴代王

朝の成立年なんかは、語呂合わせで暗記しても限界があります。理系は結構得意だったはずが、⑧化学も元素記号くらいは大丈夫だったんですけれども、⑨1価の弱塩基はアンモニア、そういう暗記は無理でしたね。暗記が苦手だったというより、自分に直接役立たないことを覚えるのが苦痛でした。それでもしばらくは不承不承ながらも教室に座っていたんですけれども、だんだん高校にも行かなくなって、⑩ネトゲ廃人な時期を経て、⑪アルバイトばかりして過ごすようになったんですよ。

そのアルバイトの中で、地域で多店舗展開しているお店があったんですね。そのお店は出店戦略が甘くて、いわゆる⑫カニバリが原因、つまり同じチェーン店同士で競合したために衰退してしまったんです。お店を出す場合、ハフモデルという分析の計算式があるんですけれども、そういうツールを使ってしっかり⑬シミュレーションすればよかったのに、しなかったんですかね。そんな経験からあれこれビジネスモデルを考察していたら、楽してそこそこ稼げるイメージが⑭こんこんと湧き出てきたんです。それなら自分で実現すればいいと気づいた。それが、今の私につながる一番の転機だったと思っています。

そのキャリアビジョンを実現するにはこの高校ではないなと気づいて、＝ユキハラ＝高校という通信制高校に⑮転学したんですね。そこではまったのが、マーケティングの部活です。いわゆる⑯SWOT分析などのマーケティングの基礎を学んで、自分なりのビジネスプランを考えて、ディスカッションする。製品なら簡単な試作品、⑰プロトタイプっていうんですけど、それを作って見せ合う。この部活でやりたい方向を突き詰めることができましたね。おかげで勉強も少しはするようになって、大学にも無事合格しました。実はすぐに退学したんですけれども、このお話も後ほどしますね。そんな⑱ドラスチックな人生

の一歩を踏み出した高校時代でした。

　やりたいことがないから取りあえず入れそうな大学でいいとか、漫然と考えている人、多いと思うんですよ。逆に一流大学以外は全部負けとか、学歴コンプレックスのある人もいると思います。私を見てください。まともに大学も出てない⑲成金とやゆされていますけれども、成金ってもともと将棋の用語なんですね。将棋では、一番前にいる小さい⑳駒、あの歩兵だって一歩ずつ進み続けたらと金になれるんです。今が何者でなくても一歩千金なんです。そんな私の歩んだ道が、皆さんの参考になればいいなと思います。

文字起こしに一つの完全な正解というものはありません。人によって微妙に違うのが普通です。
・段落替えの位置や句読点の位置は起こし例と違っていてもよい
・表記は起こし例と多少違っていてもよい（速記表記から大きく外れた表記はNG）

■第16回　実技編　チェックポイント

下記以外の解答でも○または△になることがあります
【新】新聞表記　【速】速記表記

チェックポイント①

【新】菊地　　【速】菊地

解説

　　仕様書と資料から拾える人名。さんずいの「池」ではない。

チェックポイント②

【新】180億5,800万円　　　【速】180億5,800万円

解説

　　仕様によりこの表記となる。

チェックポイント③

【新】うそ　　【速】うそ

解説

　　【新】【速】とも平仮名が指定されている。

チェックポイント④

【新】事業が全部成功する百のaDVICE

【速】事業が全部成功する百のaDVICE

解説

　　資料から拾える固有名詞。「aDVICE」は仕様により半角の英字。

チェックポイント⑤

【新】ところかもしれない　　　【速】ところかもしれない

解説

　　仕様により、発話「とこかもしれない」を直す。

チェックポイント⑥

【新】琴線に触れる　　　【速】琴線に触れる

解説

「琴線に触れる」は感動する、感銘を受けるといった意味。

チェックポイント⑦

【新】＿まず　　　【速】＿まず　　（＿は実際には全角スペース1個）

解説

意味的に段落替えが必要な箇所。段落冒頭は全角スペースを入力する仕様。

チェックポイント⑧

【新】化学　　　　【速】化学

解説

「元素記号」「弱塩基」から「科学（サイエンス全般）」ではなく化学という科目を指すと判断できる。

チェックポイント⑨

【新】１価の弱塩基は　　　　【速】１価の弱塩基は

解説

化学の用語としては「一価」ではなくアラビア数字。仕様により1桁のアラビア数字は全角。

チェックポイント⑩

【新】ネトゲ廃人　　　【速】ネトゲ廃人

解説

病的にネットゲームに没入している人、というような意味。

チェックポイント⑪

【新】アルバイトばかり　　　　【速】アルバイトばかり

解説

仕様により発話「アルバイトばっか」を直す。

チェックポイント⑫
【新】 カニバリが原因 　　**【速】** カニバリが原因
解説
カニバリゼーションの略。「カニバる」は動詞的な使い方なのでここでは合わない。

チェックポイント⑬
【新】 シミュレーション 　　**【速】** シミュレーション
解説
発話は「シュミレーション」だが、言い間違いなので仕様により直す。

チェックポイント⑭
【新】 こんこんと湧き出てきた 　　**【速】** こんこんと湧き出てきた
解説
「懇々と諭す」などは漢字だが、湧くものについての「こんこん」は平仮名が指定されている。

チェックポイント⑮
【新】 転学 　　**【速】** 転学
解説
「転校」とは言っていないので注意。意味は転校と同じ。

チェックポイント⑯
【新】 SWOT分析 　　**【速】** SWOT分析
解説
Strength（強み）、Weakness（弱み）などをつなげた頭字語であり、半角の大文字で表記。

チェックポイント⑰

【新】プロトタイプ　　　【速】プロトタイプ

解説

　ここでは試作品を指す。

チェックポイント⑱

【新】ドラスチックな　　　【速】ドラスチックな

解説

　【新】【速】とも「〜ティック」ではなく「〜チック」が指定されている。

チェックポイント⑲

【新】成り金とやゆされています　　　【速】成金とやゆされています

解説

　【新】「り」が必要。「やゆ」は【新】【速】とも平仮名指定。仕様により「されてます」を変更。

チェックポイント⑳

【新】駒　　【速】駒

解説

　将棋の駒を指す場合は「こま」「コマ」ではなく漢字。

実技編【全体的な起こし方】

　採点方法については、本書15ページ以降を参照してください。

　仕様書も見ながら確認しましょう。第16回で留意する項目は下記の通りです。

C　段落替えのバランスが取れている

　チェックポイント⑦以外は、段落替えの位置が起こし例と異なっていてもよい

D　数字・英字の全半角などが仕様に沿っている

　チェックポイント（②④⑨⑯）になっている語の英字や数字はこの欄では採点しない

〔第16回　平均点：知識編　339点、実技編　325点、合計点　664点〕

第17回問題

第17回問題で使う教材ファイルと、問題の解き方

知識編

「17_chishiki_onsei」フォルダ内

17-1.mp3〜17-17.mp3までの17ファイル

【問題の解き方】音声17-1.mp3を聞きながら本書96ページの問題1を解く、音声17-2.mp3を聞きながら問題2を解く、以降同様

実技編

「17_jitsugi_onsei」フォルダ内

jitsugi_17.mp3（5分7秒）

【問題の解き方】本書101ページ以降の仕様書と資料を参照して、音声jitsugi_17.mp3を全て文字起こしする

■第17回　知識編　問題

※音声は標準語の高低アクセントと異なることがあります。また、発音が明瞭であるとは限りません。

※特に指定がない設問では、英字とアラビア数字は半角で解答してください。

問題1

聞き取り間違いをしている部分の番号を三つ選びなさい。

こういう(1)ブリキのおもちゃは、今となっては(2)貴重ですけど、戦後復興の(3)一役を担ったといわれるぐらい重要な輸出品だったんです。(4)ゼンマイで動くんですよ。(5)玩具メーカーが当時注力していたのは、他に(6)装備の人形ですかね。

問題2

聞き取り間違いを探し、その語句と正しい語句を記入しなさい。

稼げる副業をうたった情報商材がインターネット上であふれています。実際はまねたりするのは難しいので、情報の取捨選択に気を付けましょう。

問題3

空欄に当てはまる言葉を書きなさい。

「エネルギー収支をゼロ以下にする家」という意味の英語を略して(1)【　　　】と呼ばれています。省エネ、断熱、(2)【　　　】の三つの要素を兼ね備え、(3)【　　　】によっては補助金制度が使えますし、何より光熱費を削減できるのがメリットです。

問題4

空欄に当てはまる言葉を書きなさい。

(1)【　　　】は12月の冬至前後でしたけど、これは北極圏だからですね。南極圏だと太陽が(2)【　　　】のは6月の夏至前後になります。オーロラが最もきれいな時期とされていまして、(3)【　　　】という不思議な雲も見えるようです。

問題5

空欄に当てはまる言葉を書きなさい。

親戚が(1)【　　　】を栽培し始めたんですよ。もともとは(2)【　　　】で長野県外の生産は駄目だったんですけど、数年前に県外生産が許可されて。ただ(3)【　　　】が、いわゆる実割れですけど、その対策は必要みたいですね。

問題6

空欄に当てはまる言葉を書きなさい。

雨漏りがひどかったお宅から、屋根の(1)【　　　】を受注していたんです。今回の迷走台風には焦りましたけど、台風前に何とか(2)【　　　】しました。(3)【　　　】からスレート屋根に変えて、台風での被害もなかったようでよかったです。

問題7

空欄に当てはまる言葉を書きなさい。

昔は「最近の若者は」と聞くと、(1)【　　　】に扱われている気がして(2)【　　　】思っていました。でも、この年になると「今の若者は」とつい言いたくなって、年寄りは若者の行動を(3)【　　　】柔軟性がないんだなと気付きました。

問題8

空欄に当てはまる言葉を書きなさい。

市が開催した都市計画に関する(1)【　　　】において、(2)【　　　】人の皆さまにたくさんのご意見を頂きました。その(3)【　　　】と市の考え方を、次の通り書面にて公開いたします。

問題9

空欄に当てはまる言葉を書きなさい。

今は不動産(1)【　　　】に勤めています。うちの会社は、マンション、戸建て、オフィスビルと(2)【　　　】開発を行っていて、大変ではあるんですけれども、非常に(3)【　　　】を感じています。

問題10

空欄に当てはまる言葉を書きなさい。

テスト範囲のノートが(1)【　　　】積み上がっているのに(2)【　　　】私は、結局のところ(3)【　　　】で立ち向かうことにしたのでありました。

問題11

空欄に当てはまる言葉を書きなさい。

今回の同窓会は二重に(1)【　　　】でしたよ。まず会場が市内屈指の料亭でしてね。しかも、かつての学級委員長、僕らには(2)【　　　】だった彼女が参加してくれて、素晴らしい(3)【　　　】でした。

問題12

仕様に従った場合の【　】内の起こしを書きなさい。

仕様：「あのー」「えーと」などを削除し、重複した表現を修正する。

> 本日は誠にありがとうございます。この素晴らしいチームを率いら
> せていただけることに感謝をするとともに、【　　　　　　　　】。

問題13

仕様に従った場合の、空欄に当てはまる言葉を書きなさい。

仕様：い抜き・ら抜き表現を修正する。助詞を補う。言いやすさなどのために
音が変化した部分を、本来の言い方に直す。

> お子さんが発熱で(1)【　　　】みたいで、会長が(2)【　　　】ん
> です。今日の会議は予定通り(3)【　　　】くださいということでし
> た。

問題14

仕様に従った場合の【　】内の起こしを書きなさい。

仕様：漢字の読みを間違えているので、正しい漢字を推測して書く。

> (1)【　　　】は(2)【　　　】でスピードが上がらない車のために
> 設けられた車線で、高速道路などによくある、あれです。その車線
> の(3)【　　　】は3メートルと定められているというんですね。

問題15

空欄に当てはまる言葉を書きなさい。

> 2022年、(1)【　　　】が「公用文作成の考え方」を(2)【　　　】
> しました。これには横書き時の(3)【　　　】として「、（テン）」を
> 用いることも含まれ、これまであった「，（コンマ）」指定の文字起
> こしも減ってくるかもしれません。

問題16

空欄に当てはまる言葉を書きなさい。

> 資料のある文字起こしでは、(1)【　　　】を活用しましょう。Windows
> の(2)【　　　】やMacのSplit Viewで資料とWordを並べると、作業
> 効率が上がります。複数のモニターをつなぐ(3)【　　　】も非常に
> 便利です。

問題17

仕様に従った場合の【　】内の起こしを書きなさい。

仕様：英字とアラビア数字は半角。単位は英字を使う。

> Wi-Fiの(1)【　　　】は、設定時に二つ表示されることがあります。
> 違いは周波数で、(2)【　　　】のaが高速で安定した通信に向いて
> います。gは家電の電波の影響で(3)【　　　】が起こることがあり
> ます。

解答は本書104ページ以降を参照

■第17回　実技編　問題

（仕様書）

話の内容と話者の情報：

- 港湾地区商業組合例会　市長代理のあいさつ冒頭部分

資料：あり（本書103ページ）

本文の入力方法：

- 1行目から入力する。話者名を立てる必要はない
- 話の内容が変わるところなど、切りのいいところで段落替えする
- 段落替えは7～9個。各段落の冒頭はスペース記号を入力しない
- 本文の途中に空白行は入れない

表記：

- 103ページの資料に出てくる固有名詞は資料通りの表記
- それ以外は新聞表記と速記表記から申込時に選択した表記
  ただし、
  - 英字：全て半角
  - 数字：漢数字で表記する慣用が強い語は漢数字。それ以外は半角のアラビア数字。位取りコンマを入れる。万以上で単位語（単位字）を入れる
  - 句読点：全角の「、　。」
  - 使用可の記号：全角の「 」（ ）

不明箇所の処理：

- 音声内容と仕様書からは確定できない固有名詞など→文字列の両端に＝（下駄記号）を入力。＝は「げた」と入力して変換すると、変換候補に表示される

- 聞き取れなかった部分→文字数にかかわらず●（黒丸記号）1個を入力
- 聞き取りまたは表記に確信がない部分→適宜、片仮名書きなど
※いずれもタイムの付記は不要

修正処理など：

【行う処理】

- 「あのー」「えーと」などの削除
- 明らかな言い間違いの修正や削除

【行わない処理】

- い抜き言葉・ら抜き言葉、さ入れ言葉などの修正
- 「って」「っていう」→「と」「という」への修正
- 変化した音の修正（例：やっちゃって→やってしまって）
- 二重敬語や重複表現などの修正
- 語順の変更
- 「んです」→「のです」の修正

【行っても行わなくてもよい処理】

- 助詞の修正や補い
- 語尾の「ね」「よ」「よね」など→付いていても削除でもよい

資料は次のページにあります

（資料）

令和5年度　港湾地区商業組合みなともりあげ会
研修会及び定例総会

日時：令和5年9月20日（水）
会場：ホテルグランキャッスル・ハーバービュー5階「四季の間」

【第1部　研修会】
15:00〜　開会挨拶　みなともりあげ会　櫻井会頭
15:10〜　箏曲演奏　琴音母の会
15:30〜　市長講演
　　　　　　「本市の新たな取組みについて」
　　　　　　「次期プレミアム付き地域商品券　ふるさとがんばり応援
　　　　　　　券・全店舗共通券について」
16:00〜　意見交換会
16:20〜　休憩

【第2部　定例総会】
議長　会員の互選により選出
16:30〜　開会挨拶
16:35〜　2022年度活動報告・会計報告・監査報告
16:50〜　2023年度活動の方向性について
17:20〜　2023年度活動計画、予算案審議
17:30〜　会員の皆さまよりご意見等
18:00〜　懇親会

起こし例、チェックポイントは本書109ページ以降を参照

■第17回　知識編　解答と解説

下記以外の解答でも○または△になることがあります
【新】新聞表記　【速】速記表記

問題1の答え

【新】2　　3　　6
【速】2　　3　　6

解説

本当はこう言っている：
(2) 希少　(3)一翼を担った　(6)ソフビ
ソフビはソフトビニールの略。

問題2の答え

【新】（誤）まねたり　　（正）マネタイズ
【速】（誤）まねたり　　（正）マネタイズ

解説

マネタイズは、ここでは収益を得るといった意味。

問題3の答え

【新】(1) ZEH　　(2) 創エネ　　(3) 性能要件
【速】(1) ZEH　　(2) 創エネ　　(3) 性能要件

解説

(1)ZEHは「net Zero Energy House」の略。ゼッチと発音される。
聞こえた通りに「ゼッチ」、または問題文を参考に「エネルギー収支
をゼロ以下にする家」でネット検索すると見つかる。
(2)太陽光発電などでエネルギーを創出するという意味。

問題4の答え

【新】(1) 極夜　　(2) 昇らない　　(3) 極成層圏雲
【速】(1) 極夜　　(2) 昇らない　　(3) 極成層圏雲

解説

(1)読みは「きょくや」。白夜の逆。

(3)読みは「きょくせいそうけんうん」。大気中の雲ではなく成層圏でできる雲。

問題5の答え

【新】(1) ナガノパープル　　(2) 種苗法　　(3) 裂果

【速】(1) ナガノパープル　　(2) 種苗法　　(3) 裂果

解説

(1)ぶどうの品種名。片仮名表記。

(2)法律名。

(3)「いわゆる実割れ」と説明されているので皮が割けることであり、「劣化」や「烈火」ではない。

問題6の答え

【新】(1) ふき替え　　(2) 完工　　(3) 瓦屋根

【速】(1) ふき替え　　(2) 完工　　(3) 瓦屋根

解説

(1)「葺」が表外字のためこの表記が指定されている。

(2)「受注していた」と語られており、その工事が完了したと判断できる。

(3)「かわら」は漢字指定。

問題7の答え

【新】(1) 十把ひとからげ　　(2) 疎ましく　　(3) 受容する

【速】(1) 十把一からげ　　(2) 疎ましく　　(3) 受容する

解説

(1)「十把」は「じゅっぱ」とも読まれるが本来は「じっぱ」であり、【新】【速】とも「じっぱ・~・~」の項に掲載されている。

(2)「疎む」は漢字表記。

問題8の答え

【新】（1）公聴会　　（2）公述　　（3）要旨

【速】（1）公聴会　　（2）公述　　（3）要旨

解説

(1)国や地方自治体が、重要な施策に関して有識者や関係者の意見を聞く会のこと。

(2)公聴会で意見を述べる人なので「後述」や「口述」でないと判断できる。

問題9の答え

【新】（1）デベロッパー　　（2）多岐にわたる　　（3）やりがい

【速】（1）ディベロッパー　　（2）多岐にわたる　　（3）やりがい

解説

(1)【新】【速】とも外来語の欄に記載されている。

(2)「移動する」などの意味では「渡る」を使うが、「ある範囲に〜」という意味の「わたる」は平仮名表記とされている。

問題10の答え

【新】（1）うずたかく　　（2）へきえきした　　（3）ヤマ勘

【速】（1）うずたかく　　（2）辟易した　　（3）ヤマ勘

解説

(1)「堆く」がもともとの漢字とされており、平仮名表記。

(2)「へきえき」は、ここではうんざりした状態。

(3)【新】では「山」の項に記載されている。

問題11の答え

【新】（1）ぜいたく　　（2）高根の花　　（3）ひととき

【速】（1）ぜいたく　　（2）高根の花　　（3）ひととき

解説

(1)贅沢の「贅」が表外字のため、【新】【速】とも平仮名指定。

問題4

空欄に当てはまる言葉を書きなさい。

民事訴訟において(1)【　　　】は書証と同じく重要です。証人はあえて記憶に反することや虚偽の事実を言うと(2)【　　　】の対象になります。最初に(3)【　　　】とともに宣誓書朗読をするのはそれを防ぐためです。

問題5

空欄に当てはまる言葉を書きなさい。

生中継と称していても、今はほとんどが(1)【　　　】システムを使って(2)【　　　】ようです。数秒や数分遅れで(3)【　　　】放送することによって、放送事故やトラブル、失言などを防ぐための方策です。

問題6

空欄に当てはまる言葉を書きなさい。

AIによる(1)【　　　】が話題です。「歴史は繰り返す」という捉え方を(2)【　　　】というのですが、それによると現代は4度目のシュールレアリスム期だそうです。幻想的な画像が、AIならではの(3)【　　　】で生み出されています。

(2)「高嶺」としない。

(3)「一時」は「いちじ」「いっとき」など読み方が多く、「ひととき」は平仮名が指定されている。

問題12の答え

【新】今後も尽力してまいります　または　今後も力を尽くしてまいります

【速】今後も尽力してまいります　または　今後も力を尽くしてまいります

解説

仕様に沿って、発話「えー、今後も尽力を尽くしてまいります」を変更する。「えー」を削除、「尽力を尽くす」は表現が重複しているので整理。「まいる」はここでは補助動詞のため平仮名表記。最後の句点「。」はかっこの外側にあるので入力しないよう注意。

問題13の答え

【新】(1) 学校を休んでいる　(2) 来られなくなった　(3) 進めておいて

【速】(1) 学校を休んでいる　(2) 来られなくなった　(3) 進めておいて

解説

仕様に沿って、元の発話を直す。元の発話はそれぞれ次の通り。

(1)学校休んでる

(2)来れなくなった

(3)進めといて

問題14の答え

【新】(1) 登坂車線　(2) 急勾配　(3) 幅員

【速】(1) 登坂車線　(2) 急勾配　(3) 幅員

解説

正しい漢字を推測して書く仕様。音声での読み上げと正しい読み方は次の通り。

(1)とうばんしゃせん→とうはんしゃせん

(2)きゅうこうはい→きゅうこうばい　(3)はばいん→ふくいん

(3)「巾員」は「幅員」を省略した書き方で、本来の表記ではない。

問題15の答え

【新】(1) 文化庁　(2) 建議　(3) 読点
【速】(1) 文化庁　(2) 建議　(3) 読点

解説

公用文は役所が作成する文書で、使われる表記は公用文表記と呼ばれる。昭和26年版では、横書き時の読点は「,」が指定されていた。

問題16の答え

【新】(1) 画面分割　(2) スナップ機能　(3) マルチディスプレー
【速】(1) 画面分割　(2) スナップ機能　(3) マルチディスプレー

解説

複数のアプリを開いて文字起こしする際の話題。
(2)Windowsでは「スナップ機能」とされており、「Snap機能」と表記しない。
(3)「ディスプレイ」と表記しない。

問題17の答え

【新】(1) SSID　(2) 5GHz帯　(3) 電波干渉
【速】(1) SSID　(2) 5GHz帯　(3) 電波干渉

解説

「全角←→半角」と「大文字←→小文字」に気を付けて解答する。
(2)単位は英字の仕様。「ギガヘルツ」の「ヘルツ」の部分は、大文字で半角のHと、小文字で半角のz。最後のzだけ全角になってしまうことがあるので注意。

皆さま、こんにちは。①みなともりあげ会の皆さまには②地場経済の発展に日々お力添えを賜りまして、心から敬意を表したいと思います。また、本日は大事な例会にご案内いただきまして、さらにオープニングでは③みやびな演奏を拝聴させていただき、大変光栄に思っております。本当にありがとうございます。本日、市長の代理としての登壇で若干緊張しておりますが、どうぞよろしくお願いいたします。

さて、本日は小道具を持ってまいりました。レーザーポインターです。これは④メード・イン・ジャパンで1万数千円しました。一方でこちらは通販サイトで見つけた海外製、⑤1,000円ちょっとのポインターです。実は買ってすぐ壊れまして、もう使えません。これじゃあ掘り出し物ではあってもお値打ち物とは呼べない感じですね。こうやって人前で使う用途でございますから、話の途中で光線が出なくなっちゃうと本当に困るんですけれども。

それにしても、同じような商品であってもこれだけの価格差がありますと、本当に経済が分からなくなるはずであります。外国との競争というのは、まさに⑥世運隆替、それぞれの国の⑦経済で上を下への大騒ぎの歴史がありまして、考えてみると、インバウンドでお客さまが入ってくるとか、あるいは地域でつくられた物の半分くらいは諸外国に買っていただいているとか、そういう力を逆に日本の中へ取り込んでいくということが大事かなと思っております。

本日はまず、⑧わが市のさまざまな取り組みにつきまして、ざっくりとご報告させていただきたいと思います。一番皆さまに関係の深いト

ピックとしては、海外からのクルーズ船の誘致についてでございます。事の経緯としては、このたび県全体で⑨MICEの誘致を推進していくことになりまして、わが市の場合、直接的に国際展示会や⑩コングレスを誘致するのは難しいかもしれませんけれども、だからといって座視していいはずはないという、若手からの発言がありました。市内にも比較的近傍にも世界に誇るべきスポットが多数あるにもかかわらず、新幹線や飛行場とのアクセスが悪いためにいささか不利になっております。しかし必ず解決策はあるのではないかとのことで、観光コンベンション協会さんと打ち合わせをスタートいたしました。

皆さまご存じの通り、市内には自然豊かで⑪風光明媚（めいび）なあの地区、また古くからの町並みが残るあの地区、そして海に面した景観が美しい皆さまのこの地区もございますね。これらを近隣の観光地と抱き合わせることで、インバウンド需要の拡大につなげることができれば問題解決の端緒になるのではないかという、若手職員からの⑫熱い提議に呼応すべく、市長自らがトップセールスに励んでいるところでございます。

航空や新幹線といった拠点に恵まれない私どもにとって、観光誘致は⑬いばらの道だと思っていたわけでございますが、大型客船でも寄港しやすいこの広大な⑭港湾地区を活用し、クルーズ船から大型バスでこれらの地区の景観を楽しんでいただいた後に、近隣の観光拠点を巡っていただくというコースの提案を行っております。こちらを観光誘致施策の一丁目一番地として、力強く⑮推し進めてまいる所存でございます。

次に、以前も実施したプレミアム付き地域商品券を、さらにバージョンアップして実施いたします。今回は⑯1冊1万円分をなんと5,000円での販売となります。そして商品券は半分ずつ、「⑰ふるさとがんばり応

援券」と「全店舗共通券」と、別々の絵柄で作成して用途を分けます。この地元券というのが肝要でして、こちらは全国大手のGMSさんだとかコンビニエンスストアでは使えない、市内に本社がある商店さんで使えますよという⑱立て付けにいたします。

こちらについては、⑲販促の活動も含めて商工会議所さんに⑳音頭を取っていただいています。地域でまっとうに商売をしている皆さまがこのコスト高の時期を乗り切っていけるよう、こういった施策で地域経済を支えていけるように、官民一体となって取り組んでまいりたいと思っております。

文字起こしに一つの完全な正解というものはありません。人によって微妙に違うのが普通です。
・段落替えの位置や句読点の位置は起こし例と違っていてもよい
・表記は起こし例と多少違っていてもよい（新聞表記から大きく外れた表記はNG）

皆様、こんにちは。①みなともりあげ会の皆様には②地場経済の発展に日々お力添えを賜りまして、心から敬意を表したいと思います。また、本日は大事な例会に御案内いただきまして、さらにオープニングでは③みやびな演奏を拝聴させていただき、大変光栄に思っております。本当にありがとうございます。本日、市長の代理としての登壇で若干緊張しておりますが、どうぞよろしくお願いいたします。

さて、本日は小道具を持ってまいりました。レーザーポインターです。これは④メード・イン・ジャパンで1万数千円しました。一方でこちらは通販サイトで見つけた海外製、⑤1,000円ちょっとのポインターです。実は買ってすぐ壊れまして、もう使えません。これじゃあ掘り出し物ではあってもお値打ち物とは呼べない感じですね。こうやって人前で使う用途でございますから、話の途中で光線が出なくなっちゃうと本当に困るんですけれども。

それにしても、同じような商品であってもこれだけの価格差がありますと、本当に経済が分からなくなるはずであります。外国との競争というのは、まさに⑥世運隆替、それぞれの国の⑦経済で上を下への大騒ぎの歴史がありまして、考えてみると、インバウンドでお客様が入ってくるとか、あるいは地域でつくられた物の半分くらいは諸外国に買っていただいているとか、そういう力を逆に日本の中へ取り込んでいくということが大事かなと思っております。

本日はまず、⑧我が市の様々な取組につきまして、ざっくりと御報告させていただきたいと思います。一番皆様に関係の深いトピックとし

ては、海外からのクルーズ船の誘致についてでございます。事の経緯としては、このたび県全体で⑨MICEの誘致を推進していくことになりまして、我が市の場合、直接的に国際展示会や⑩コングレスを誘致するのは難しいかもしれませんけれども、だからといって座視していいはずはないという、若手からの発言がありました。市内にも比較的近傍にも世界に誇るべきスポットが多数あるにもかかわらず、新幹線や飛行場とのアクセスが悪いためにいささか不利になっております。しかし必ず解決策はあるのではないかとのことで、観光コンベンション協会さんと打合せをスタートいたしました。

皆様御存じのとおり、市内には自然豊かで⑪風光明媚なあの地区、また古くからの町並みが残るあの地区、そして海に面した景観が美しい皆様のこの地区もございますね。これらを近隣の観光地と抱き合わせることで、インバウンド需要の拡大につなげることができれば問題解決の端緒になるのではないかという、若手職員からの⑫熱い提議に呼応すべく、市長自らがトップセールスに励んでいるところでございます。

航空や新幹線といった拠点に恵まれない私どもにとって、観光誘致は⑬いばらの道だと思っていたわけでございますが、大型客船でも寄港しやすいこの広大な⑭港湾地区を活用し、クルーズ船から大型バスでこれらの地区の景観を楽しんでいただいた後に、近隣の観光拠点を巡っていただくというコースの提案を行っております。こちらを観光誘致施策の一丁目一番地として、力強く⑮推し進めてまいる所存でございます。

次に、以前も実施したプレミアムつき地域商品券を、さらにバージョンアップして実施いたします。今回は⑯1冊1万円分を何と5,000円での販売となります。そして商品券は半分ずつ、「⑰ふるさとがんばり応援

券」と「全店舗共通券」と、別々の絵柄で作成して用途を分けます。この地元券というのが肝要でして、こちらは全国大手のGMSさんだとかコンビニエンスストアでは使えない、市内に本社がある商店さんで使えますよという⑱立てつけにいたします。

こちらについては、⑲販促の活動も含めて商工会議所さんに⑳音頭を取っていただいています。地域で真っ当に商売をしている皆様がこのコスト高の時期を乗り切っていけるよう、こういった施策で地域経済を支えていけるように、官民一体となって取り組んでまいりたいと思っております。

文字起こしに一つの完全な正解というものはありません。人によって微妙に違うのが普通です。
・段落替えの位置や句読点の位置は起こし例と違っていてもよい
・表記は起こし例と多少違っていてもよい（速記表記から大きく外れた表記はNG）

■第17回　実技編　チェックポイント

チェックポイント①
【新】みなともりあげ会の　　　【速】みなともりあげ会の
解説
表記を資料で確認できる固有名詞。

チェックポイント②
【新】地場経済　　【速】地場経済
解説
音声は「ちば」ではなく「じば」と言っている。「地元経済」と同じ意味。

チェックポイント③
【新】みやびな演奏　　　【速】みやびな演奏
解説
【新】【速】とも、みやびは平仮名表記が指定されている。

チェックポイント④
【新】メード・イン・ジャパン

【速】メード・イン・ジャパン
解説
外来語の欄に掲載されている。「メイド」ではないこと、単語間に「・」が必要なことに注意。

チェックポイント⑤
【新】1,000円　　【速】1,000円
解説
万以上で単位語を使う仕様のため「千円」としない。

チェックポイント⑥

【新】世運隆替、　　　【速】世運隆替、

解説

時代の流れで栄えたり衰えたりするという意味の四字熟語。【新】表内読みなので読みを添えない。

チェックポイント⑦

【新】経済で上を下への大騒ぎ　　【速】経済で上を下への大騒ぎ

解説

途中の言い間違いは起こさない。

チェックポイント⑧

【新】わが市のさまざまな取り組みに　　【速】我が市の様々な取組に

解説

仕様書に「市長代理」とあり、話者は市役所の人と思われる。「わが社」ではない。

チェックポイント⑨

【新】MICE　　【速】MICE

解説

MICE（マイスと読む）は、各種の国際的なビジネスイベントを総称する造語。

チェックポイント⑩

【新】コングレス　　【速】コングレス

解説

国際会議のこと。

チェックポイント⑪

【新】風光明媚（めいび）なあの地区、　　【速】風光明媚なあの地区、

解説

少し後の「〜この地区もございますね」までがひとつながりなので、「〜あの地区。」と句点にせず読点を打つ。

チェックポイント⑫

【新】熱い提議に呼応すべく　　【速】熱い提議に呼応すべく

解説

仰々しい言い回しだが、「(市長が若手職員の) 熱い提案に応えようとして」という意味。

チェックポイント⑬

【新】いばらの道　　【速】いばらの道

解説

植物名としては「イバラ」だが、このような比喩表現では平仮名「いばら」となる。

チェックポイント⑭

【新】港湾地区　　【速】港湾地区

解説

「海に面した」「大型客船」などの言葉が出てきており、「公安地区」ではないと判断できる。

チェックポイント⑮

【新】推し進めてまいる所存　　【速】推し進めてまいる所存

解説

途中の言い間違いは起こさない。「まいる」はここでは補助動詞なので平仮名。

チェックポイント⑯

【新】1冊1万円分　　【速】1冊1万円分

解説

「2冊5,000円」など他の数字に置き換え可能な数なので、アラビア数字。万以上で単位語を使う仕様のため「10,000円」だと不正解。

チェックポイント⑰

【新】ふるさとがんばり応援券　　【速】ふるさとがんばり応援券

解説

表記を資料で確認できる固有名詞。

チェックポイント⑱

【新】立て付け　　【速】立てつけ

解説

【新】どんな意味でもこの表記。【速】制度や法律はこの表記、ドアなどは「建てつけ」。

チェックポイント⑲

【新】販促の活動　　【速】販促の活動

解説

「販促」は販売促進を略した言い方。

チェックポイント⑳

【新】音頭を取って　　【速】音頭を取って

解説

指揮は「執る」だが、【新】【速】とも「音頭」の項に「音頭取り」があるので「取る」を使う。

実技編【全体的な起こし方】

採点方法については、本書15ページ以降を参照してください。

仕様書も見ながら確認しましょう。第17回で留意する項目は下記の通りです。

B　句読点のバランスが取れている

チェックポイント⑥⑪以外は、句読点の位置が起こし例と異なっていてもよい

D　数字・英字の全半角などが仕様に沿っている

チェックポイント（⑤⑨⑯）になっている語の英字や数字はこの欄では採点しない

〔第17回 平均点：知識編 367点、実技編 315点、合計点 681点〕

point 1 漢字の読みは過剰な親切心を発揮しない

　「諮問」など堅苦しい言葉は、「諮問（しもん）」と読みを添えた方が親切ではないかと迷いがちですが、文字起こし技能テストでは「親切心から過剰に読み仮名を添える」ことを避け、新聞表記・速記表記それぞれのテキストに沿った漢字の書き方が正解とされます。
※指定されている場合に読みを添えるのは新聞表記で、速記表記では読みを添えるという書き方はほぼ行われません。

point 2 用字用語のページに掲載されていない言葉も使える

　第14回の知識編、問題8の(2)「深遠な」は「深淵な」だと前後の文脈に合わず不正解となります。新聞表記のテキスト『記者ハンドブック』に「深淵」のみが掲載されていても、用字用語のページに掲載されていない「深遠」を使って問題ありません。

point 3 知識編　穴埋め問題は穴をぴったり埋める

　知識編のほとんどは、穴埋め形式の問題です。過不足なく解答すること、また発話通りに入力することがポイントです。
　例えば「【　　　】取り組むべきです」が分からず、ネット検索で調べたりして「心胆を砕く」という表現が見つかった場合、つい「心胆を砕く」とそのまま入力してしまうことがあります。音声を確認して「心胆を砕いて」と発話されていれば、発話通りに「心胆を砕いて」と入力します。

point 4 実技編　全体的な起こし方にも注意

　実技編は、20カ所のチェックポイントが主な採点対象になっており、500点満点中の400点を占めています。「全体的な起こし方」の配点は残りの100点ですが、この100点を取りこぼすと得点に響きます。段落替えを忘れる、アラビア数字の全角と半角を間違える、などのミスがないように気を配りましょう。

実際のWEB解答用紙の例

実施回によって画像とは多少異なることがありますが、おおむね同様です。

【知識編】

①知識編10分前に届くメールに記載されたURLをクリック
　　【知識編】WEB解答用紙の1ページ目がブラウザーで開かれる

②受験番号、表記選択、氏名などを入力して「**次へ**」をクリック
　　【知識編】WEB解答用紙の2ページ目が開かれる

③解答を入力して「**確認**」をクリック

④次の画面で「**登録**」ボタンを1回だけクリックして、送信
　　解答の受信を確認した旨のメールが届く

【実技編】

①実技編10分前に届くメールに記載されたURLをクリック
　　【実技編】WEB解答用紙の1ページ目がブラウザーで開かれる

以下、知識編と同じ
（受験番号、表記選択、氏名などは実技編でも再度入力します）

※前のページに戻って修正したい場合は、ブラウザーの戻るボタン
ではなく、WEB解答用紙の「**戻る**」ボタンで戻りましょう。

※解答は、WEB解答用紙の「**登録**」ボタンを押すと送信されます。

文字起こし技能テスト® 過去問題集2023

2024年 7月1日　　　　第1版第1刷発行

監　修　　　文字起こし技能テスト問題制作部会
編集・制作　　株式会社エフスタイル
発行人　　　長谷川志保
発行所　　　株式会社エフスタイル
　　　　　　〒102-0073　東京都千代田区九段北1-14-16 PILE KUDAN 503
　　　　　　TEL 03-3478-0365　　FAX 03-6869-7666
　　　　　　URL https://www.fstyle-ltd.jp/
印　刷　　　日経印刷株式会社

ISBN 978-4-9904934-9-3　　　Printed in Japan
「文字起こし技能テスト」は商標登録です